알기쉬운 **투자론**

알기쉬운 투자론

양종기 지음

신론사

머리말

지난 60년 동안 우리나라 경제가 지속적으로 발전해 오면서 2007년 1인당 국민소득수준이 2만 달러를 넘어섰다. 우리는 이미 오래전부터 빈곤에서 허덕이는 시대를 마감하게 되었고 지금은 다수 국민들이 상당한 저축의 여력을 갖추게 되었다. 소득이 일정 수준을 넘어서면서 저축 여력을 갖게 된 사람들이 크게 불어난 것이다. 이제는 많은 사람들이 예측할 수 없는 불확실한 장래에 대비하기 위해 현재소비를 줄이고 미래소비(저축)로 기꺼이 연장하고 있다.

많은 사람들이 지금 쓰지 않고 남겨 놓은 소득 일부를 앞으로 더 많은 부를 증식시키기 위해 투자 기회를 찾고 있는 것이다. 재산을 모으는 방식 다시 말해서 저축하는 방법은 다양하다. 단순히 현금을 금고에 쌓아 놓을 수도 있고 금융기관에 예금이나 적금을 넣을 수도 있으며 부동산이나 주식 또는 채권 등에 투자할 수도 있다.

모든 저축–투자 방식은 나름대로 제각기 장점과 단점을 가지고 있고 위험을 안고 있다. 현금보유, 예금 및 적금, 주택 · 토지 · 아파트 등의 부동산, 주식 및 채권 등에 대한 투자는 시간이 흘러가면서 투자자의 부를 증식시키기도 하지만 때로는 잘못된 투자방식으로 인해 치명적인 재산 손실을 가져오기도 한다.

이 책은 현재소득 중 남겨 놓은 일부 소득을 더 큰 부(富; wealth)를 만들기 위해 어떻게 투자하는 것이 가장 바람직스러운지 필요한 합리적인 투자방식과 전략을 제공하기 위한 기초 이론서이다. 아는 것이 힘이다. 합리적인 투자 행동도 역시 알고 하는 것이 가능한 한 위험을 줄이면서 재산을 증식시킬 수 있는 길이라고 본다.

이 책은 파생상품을 제외한 주식과 채권 투자를 중심으로 다루고 있다. 오늘의 투자 환경은 급속히 변하고 있다. 관련 정보도 홍수처럼 쏟아져 나오고 있다. 투자 지역도 광범위해지고 투자대상물도 수천수만 가지로 헤아릴 수 없이 많다. 증권투자도 세계적으로 실시간 할 수 있다. 따라서 실제 투자하고자 하는 사람들은 투자관련 환경과 금융상품 및 투자이론과 투자기법 그리고 투자전략 등의 기본적인 지식을 익혀 두는 것이 투자의 실패를 줄이면서 부를 형성할 수 있는 지름길이라고 필자는 생각한다.

이 책은 독자들이 투자이론을 어렵지 않게 읽을 수 있도록 쉽게 쓰려고 무척 노력하였다. 부족한 점이 많지만 나름대로 독자의 바라는 지적 욕구에 부응하려고 많이 애를 썼다. 그러나 이 책이 독자들의 지적 요구를 얼마나 충족시킬 수 있을지 걱정스럽다. 널리 독자들의 비판을 달게 받겠으며 언제든지 기회 있을 때 보완하기로 한다. 끝으로 이 책이 출간되기까지 애써 준 **신론사**에 감사한 마음을 전한다.

2010. 3.
경기도 일산 풍동 사저에서

차례

제5장 위험회피와 자산배분

제6장 최적 리스크 포트폴리오

제7장 지수모형

제8장 자본자산가격결정모형과 단일요인모형

제13장

채권가격의 결정

제14장

채권투자전략

제15장

거시경제와 산업분석

제16장

주식 평가모형

제17장

재무제표 분석

제18장

포트폴리오의 투자 성과 측정

제1장

투자환경

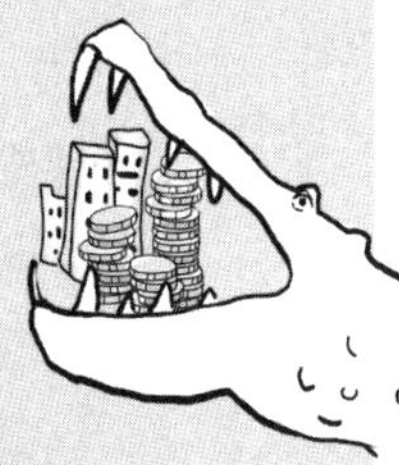

투자란 투자대상으로부터 기대되는 수익을 얻기 위해 실물자산이나 금융자산에 투자하는 것을 말한다. 투자 대상은 크게 금융자산과 실물자산으로 분류한다. 이 가운데 실물자산은 토지, 아파트 등 부동산과 기계, 공구 등 설비자산 그리고 골동품, 금 등의 원자재를 들 수 있고, 금융자산으로는 채권, 주식 등의 각종 증권과 매우 다양한 파생상품 등을 들 수 있다.

투자자들은 특정 자산에 투자하고자 할 때 투자에 영향을 미치는 내외 경제 환경의 변화와 추이 그리고 투자 대상과 직간접으로 관련된 정보와 내용을 파악하고 이해한 가운데 투자하는 것이 투자위험을 줄이고 큰 수익을 기대할 수 있다.

투자 활동을 에워싸고 있는 금융 및 경제 환경은 최근 들어서 다음과 같은 몇 가지 주요한 흐름을 나타내고 있다.

첫째, 기업들은 금융기관 등으로부터 필요 자금을 대출받는 차입과 같은 간접금융(間接金融) 이용 위주에서 벗어나 주식 또는 채권 등의 증권 발행을 통해 자금을 조달하는 직접금융(直接金融)을 이용하는 추세를 보이고 있다.

둘째, 증권을 발행하여 자금을 조달하는 전통적인 금융기법의 단계를 지나 최근에는 금융기관과 기업들이 보유하고 있는 대출자산과 유동자산 등을 다시 증권으로 만들어 자금을 조달하는 증권화 현상이 강화되는 추세이다.

셋째, 최근 국내외를 막론하고 세계화와 자유화 바람이 금융흐름의 대세를 이루면서 각종 금융규제들이 크게 완화되는 추세를 보이고 있다. 세계화와 자유화의 흐름은 무엇보다 규제 완화와 규제 철폐에서 나타나고 있다. 규제 완화나 철폐를 통한 민간 경제활동이 넓어지고 민간 활동주체의 자율화가 강화되고 있다. 이런 흐름은 국내수준에서뿐만 아니라 전 세계적으로 확산되고 있다(시장경제 활동 영역의 확대). 금융기관의 경영 자율화가 강화되면서 투자자 보호도 최소한의 수준에서 제도적 장치가 마련되는 경향이고 가급적 투자자 자율에 맡기는 경향이 강조되고 있는 추세다.

넷째, 인터넷 등 정보통신기술의 혁신적인 발전은 세계적인 금융통합화 현상을 지속적으로 가속화시키고 있다. 금융거래는 국경이 무의미할 만큼 24시간 금융영업이 실시간으로 가능해지고 투자가들도 전 세계의 증권시장을 상대로 투자 활동을 수행할 수 있다. 이러한 흐름을 반영하듯 전 세계적인 글로벌 통합화가 가속화하면서 국내주가가 미국주가와 비슷하게 움직이는 동조화 현상이 나타나거나 각국의 국내시장이 특히 미국시장에 민감하게 움직이는 시장 간 관계가 깊어지는 것도 이런 맥락에서 이해할 수 있다.

01 실물자산과 금융자산

한 나라의 물질적(物質的)인 부(富, wealth)는 궁극적으로 한 나라 경제의 생산능력에 달려 있다고 볼 수 있다. 한 나라의 생산능력은 그 나라가 가지고 있는 토지, 건물, 기계, 인적자본 등의 실물자산(實物資産, real asset)에 의존한다. 다시 말해서 한 나라의 생산능력은 실물자산의 량과 질에 의존한다.

실물자산과 대비되는 자산으로는 주식, 채권 등의 금융자산(金融資産, financial asset)이 있다. 금융자산은 직접적으로 생산능력을 창출하는 자산은 아니지만 실물자산에 대한 청구권으로서 간접적으로 기여하는 나름대로의 독특한 역할을 수행한다.

기업은 생산 활동에 필요한 생산설비, 공구, 원자재 등의 실물자산을 투입하기 위해 개개 기업에 맞는 적합한 금융자산 즉 주식, 채권, 어음 등을 발행하여 흑자 가계들로부터 소요자금을 조달한다.

02 금융자산의 분류

금융자산은 일반적으로 크게 고정소득증권(固定所得證券 또는 債券)과 주식 및 파생상품으로 분류한다.

고정소득증권은 만기와 상황 조건에 따라 다양한 유형의 채권들을 말한다. 가장 대표적인 고정소득증권이 발행되고 유통되는 시장으로는 단기증권시장과 장기증권시장 즉 채권시장을 들 수 있다.

단기증권시장은 일반적으로 만기가 짧고 시장성(유동성)이 높으며 리스크가 낮은 증권이 거래되는 시장이다. 한국의 대표적인 단기증권시장으로는 통화안정증권시장, 예금증서시장 등을 들 수 있다. 장기증권시장 즉 채권시장은 보통 만기가 1년 이상 길고 시장성(유동성)이 비교적 높으며 주식에 비해 리스크가 상대적으로 낮은 증권이 거래되는 시장이다. 대표적인 채권시장으로는 국채시장(미국, 유럽은 연방채권시장이라고 부른다), 지방채시장 등을 들 수 있다.

채권은 채권채무관계를 나타내는 증권으로서 지분 소유관계를 나타낸 주식과 구별된다. 주식은 일반적으로 보통주(普通株)로 이해한다. 보통주는 기업에 대한 소유지분권(所有 持分權)을 표시한 증권으로서 주주총회시 투표권을 행사할 수 있는 증권이다.

파생증권은 옵션이나 선물계약 등을 말한다. 파생증권은 주식이나 채권과 같은 다른 자산 가격에 따라 결정되는 지급금을 제공한다. 파생증권 상품의 출현은 투자 환경을 크게 바꾸어 놓았으며 환경 변화를 선도하는 금융수단이 되고 있다.

개인 가계들은 주식, 채권 등의 금융자산이외에도 부동산, 귀금속, 골동품 등의 실물자산에 분산 투자한다. 투자자들은 자금을 한 투자대상에 집중 투자하기보다는 여러 자산을 적절하게 분산 배분함으로써 수익을 높이면서 동시에 위험을 줄일 수 있다.

03 금융시장과 국민경제

금융자산이 거래되는 금융시장은 국민 경제에서 매우 중요한 역할과 기능을 수행한다.

금융시장의 경제적인 기능과 역할을 살펴보면 다음과 같다.

첫째, 금융시장은 소규모자금을 수집하여 대규모 자금을 공여하는 전환기능을 수행한다. 금융시장은 자본 배분의 중심적인 역할을 수행한다. 수많은 사람들로부터 소규모 자본을 수집하여 대규모로 필요로 하는 산업자본으로 전환시켜 주는 기능을 수행한다. 금융시장은 소비 시점의 조절 역할을 수행한다. 금융시장은 자금이 필요로 하는 적자경제주체와 여유 자금을 갖고 있는 흑자경제주체 간의 자금배분을 연결시켜주는 기능을 수행한다. 국민경제의 자금순환과정에서 볼 때 적자경제주체는 대부분 기업부문이고 흑자경제주체는 일반적으로 민간가계부문이 차지한다.

둘째, 금융시장은 리스크의 배분 기능을 수행한다. 금융시장은 금융자산이 가진 특유의 위험과 실물자산이 가진 고유의 위험을 서로 조합 배분하거나 분리함으로써 전체 위험을 분산시키고 줄여주는 역할을 수행한다.

셋째, 금융시장은 소유와 경영의 분리를 촉진하는 역할을 수행한다. 금융시장은 기업 재산의 소유와 기업 경영의 분리를 촉진하는 역할을 수행한다. 오늘날 글로벌 경제에서는 기업의 규모와 자금 소요액이 거대하게 늘어난 상태로 발전했다. 따라서 기업의 막대한 자금소요는 외부자금을 조달하지 않으면 안 되는 환경으로 변해 있는 것이다. 이런 상황은 기업의 소유지분이 주식 발행을 통해 수많은 투자자들로부터 자금을 모집해야 소화할 수 있다는 것을 의미한다. 여기서 기업들이 주식 발행을 통해 수많은 투자자들로부터 소요 자본을 조달하게 되면 해당 기업들은 자연스럽게 소유와 경영이 분리되는 현상이 나타난다. 따라서 주식시장은 기업의 소유자인 주주와 기업의 경영 및 경영자를 감시하고 평가하는 마당 역할을 수행하는 곳이다. 이것은 더 나아가서 기업지배구조와 기업 윤리를 변화시키고 촉진하는 역할을 수행한다.

넷째, 금융시장은 금융자본을 생산적인 용도로 쓰이는 산업자본으로 배분하는 역할을 수행한다. 투명한 금융시장은 주식 및 채권 등의 증권가격과 관련수요와 공급을 비롯해 각종 시장정보를 제공한다. 금융시장은 신뢰성 높은 정보를 제공함으로써 자금 조달을 찾는 기업과 투자 대상을 물색하는 투자자들이 시장에 참가하여 정보를 교환함으로써 가장 저렴하고 생산적인 방향으로 자금이 흘러가도록 하는 역할을 수행한다.

04 투자 과정

사람들은 노동을 해서 얻은 현재소득(現在所得)을 전부 현재소비(現在消費)에 사용하지 않고 예상 밖의 지출에 대비하거나 커다란 뭉치 돈을 마련하기 위해 또는 장래 자식의 교육을 위하거나 혹은 장래 예측할 수 없는 불확실성에 대비하기 위해 미래로 연장한다. 즉 현재소득을 전부 쓰지 않고 미래소비(未來消費)를 위해 일정 부분 남겨둔다. 이와 같이 미래의 소비를 위해 남겨두는 일정 소득부분을 저축(saving)이라고 부른다. 이러한 저축은 현재소비를 미래의 소비로 연장하는 것과 같다. 이러한 저축은 다양한 금융상품으로 투자되어 여러 양상의 저축 모습을 띤다. 저축의 모습은 현금으로 보유할 수도 있고 요구불예금, 정기적금 등의 예금 형태로 나타날 수도 있으며 또는 주식이나 채권 등 증권투자 형태로 나타나거나 주택, 토지, 아파트 등 부동산 형태로 투자하는 등 여러 자산에 투자된 형태로 나타나기도 한다. 다시 말해서 일반 가계들은 한 자산에 몰아서 집중투자하는 형태로 저축하는 것이 아니라 여러 자산에 투자하는 다양한 양식의 저축 형태로 현금, 예금, 주식, 채권, 부동산 등에 분산 투자한다. 이처럼 분산 투자하는 형태의 저축 모습은 가능한 수익을 높이고 위험을 분산하고자 하는 동기에서 나온 것이다.

따라서 저축자는 바로 투자자와 같은 "저축자 = 투자자"의 모습을 띤다고 말할 수 있다. 이와 같이 저축자 = 투자자들이 다양한 형태의 자산을 보유하고 있는 것을 포트폴리오(portfolio)라고 부른다. 따라서 포트폴리오는 여러 자산의 구성 또는 분산투자 또는 다양한 저축의 구성을 의미한다고 말할 수 있다.

여기서 다양한 자산으로 구성 보유하는 것을 자산배분(資産配分)이라고 부른다. 여러 자산 중에서도 증권자산을 보유한다는 것은 특정 증권을 선택하는 행위로 나타난다. 포트폴리오에 어느 자산을 선택 편입(編入)할 것인가는 먼저 증권 분석부터 필요하다.

05 치열한 경쟁적인 금융시장

금융시장은 시장참가자들 간에 매우 치열한 경쟁이 벌어지는 곳이다. 금융시장은 실물시장보다 이동이 쉽고 빠르기 때문에 훨씬 치열하게 경쟁하고 신속하게 움직인다. 투자분석가와 펀드매니저 그리고 개인투자자, 기관투자가들은 저평가된 증권을 찾아 가능한 높은 차익을 얻기 위해 경쟁적으로 시장을 쫓아 다닌다.

리스크-수익률의 관계

금융시장에서 참가 활동하는 수많은 투자자들은 미래 수익을 얻을 수 있으리라 예상하며 다양한 자산에 투자하지만 투자대상으로부터 기대하는 예상수익은 정확하게 예측할 수 없다는 사실이다.

모든 투자대상물은 앞으로의 예상수익은 불확실하고 불투명하기 때문에 항상 리스크가 따라다닌다고 보아야 한다. 이처럼 예측하기 어려운 불확실한 상황에서 투자자들은 다른 모든 조건이 같다면 가장 높은 기대수익률을 얻을 수 있는 투자를 선호한다. 그러나 모든 조건이 일정할 수 없다. 모든 조건은 시간이 흐르면서 변화하기 마련이다. 따라서 앞으로 어떻게 전개될지 모를 불확실한 미래 상황에서 높은 기대수익률을 얻으려고 기대 한다면 그 만큼 높은 리스크를 감수할 각오를 해야 높은 기대수익을 얻을 수 있다.

이것은 높은 기대수익률을 얻으려고 기대한다면 높은 위험을 감수해야 하고 반대로 낮은 예상수익률을 얻으려고 기대한다면 낮은 위험을 질 수 있다는 것을 의미한다. 다시 말해서 기대수익률과 리스크는 서로 정의 관계를 가진다. 기대수익률이 높은 만큼 높은 위험을 감수해야 한다는 것이다.

높은 위험을 감수하려고 한다면 그 만큼 더 높은 기대수익률을 바란다고 볼 수 있으므로 한 단위의 위험이 추가로 증가할 때마다 위험 한 단위당 기대수익률은 더 높이 증가할 수 있다고 말할 수 있다.

효율적인 시장

금융시장이 효율적인 시장을 가졌다고 한다면 증권시장에서 형성된 증권가격은 증권에 관련된 모든 정보를 신속히 반영할 것이므로 시장의 증권가격은 해당 증권의 실제가치와 항상 일치하게 된다는 것이 효율적인 시장가설이다.

효율적인 시장에서는 특정 증권의 가격이 해당 증권의 실제가치와 합치되도록 언제든지 조정되므로 과소평가되거나 과대평가되는 종목이 나타날 수 없게 된다. 이와 같이 주장하는 가설을 소위 효율적 시장가설이라고 부른다. 효율적 시장가설은 적극적 투자관리와 소극적 투자관리 사이에 나타나는 투자방식과 투자전략에서 중요한 갈림길이 된다. 소극적 투자관리는 증권분석을 통해 투자성과를 향상시키기 위해 노력이나 자원을 투입하는 것이 아니라 단순히 잘 분산된 시장 포트폴리오에 맞추어 보유하는 투자관리방향으로 기울여진다. 반면 적극적 투자관리는 저평가된 주식을 찾거나 투자 시점의 선택을 통하여 여러 종류의 자산에서 얻는 성과를 최대한 극대화하고자 하는 투자 전략을 지향한다.

06 시장참가자들

금융시장 참가자는 크게 순차입자(적자경제주체)와 순저축자(흑자경제주체) 그리고 정부주체(공공경제주체)로 분류할 수 있다. 국민경제의 금융순환과정을 단순화시켜 보면 순차입자로 나타나는 경제주체는 일반적으로 기업들로 간주한다. 반면 순저축자들은 대체로 가계들로 취급한다. 중앙정부와 지방정부 등의 공공경제주체는 금융시장에서 차입자로 나타나기도 하고 대여자로 나타나기도 한다.

기업과 정부가 차입자로서 나타날 경우, 현금차입 또는 증권 발행을 통해 자금을 조달하는데 이들은 대부분 금융 중개기관을 통해 필요한 소요자본을 마련한다.

금융 중개기관

금융 중개기관은 차입자(자금수요자)와 대여자(자금공급자) 사이에서 자금 중개역할을 수행한다. 이러한 금융 중개기관에는 은행, 보험회사, 투자회사, 신용조합 등이 있다. 금융 중개기관의 자산과 부채는 대부분 금융상품으로 이루어져 있다.

금융 중개기관은 자금의 수요자와 공급자들에게 다양한 편익을 제공한다. 금융 중개기관은 다수의 소액 투자자들로부터 자금을 모아 대형자금을 필요로 하는 차입자에게 거액 자금을 수익금을 공급한다.

금융 중개기관은 다수의 차입자에게 자금을 공급하는 방식으로 분산 투자를 할 수 있다. 이를 통해 개인에게 위험한 대출도 제공할 수 있는 여력을 갖게 된다.

금융 중개기관은 전문적인 금융 업무 경험을 통해 전문적인 정보를 구축하고 위험을 평가할 수 있으며 규모의 범위를 실현할 수 있다. 예를 들면 뮤추얼펀드는 거액 거래와 대규모 포트폴리오 관리를 하는 장점을 갖고 있으며 고도의 전문적인 경험과 지식 및 운용을 통해 개인보다 높은 기대수익을 높여 많은 투자자들에게 배분한다.

투자은행

금융 중개기관은 규모의 경제나 전문화를 통해 이익창출의 기회를 제공하는데 이 중에서 특히 증권 관련 금융서비스를 제공하는 투자회사는 금융 수요자와 투자자들에게 전문적인 정보 이상의 여러가지 편익을 제공한다. 투자은행은 자금 필요 시 저렴한 비용으로 서비스를 제공하고, 증권의 발행 및 마케팅업무 등을 수행한다.

07 최근 추세

최근 투자환경의 변화는 글로벌화와 증권화 및 금융공학 그리고 정보와 네트워크의 특징을 보이고 있다.

글로벌화

자금조달과 투자의 폭은 국내에만 한정되지 않고 전 세계지역으로 확산되고 있다. 투자지역이 국내외 지역으로만 확산되는 것이 아니라 국적을 가리지 않는 금융상품의 다양성도 국경을 넘나들며 널리 확산되고 있다.

글로벌화의 추세는 고도로 발달된 미국 금융시장에서 미국의 투자자들이 외국주식에 대한 청구권을 나타낸 미국주식예탁증서를 매입하거나 달러화 표시 외국증권을 사들인다.

국제적으로 투자하는 펀드를 구입하고 외국 주식시장의 주가에 따라서 정산금액을 결정하는 파생증권을 매입하는 구체적인 현상에서 잘 나타나고 있다.

증권화

증권화 현상은 특히 2000년대 들어서 급속히 진행되었다. 주택저당채권의 증권화는 채권시장에 커다란 혁신을 가져왔다. 미국의 양대 모기지 회사인 지니매(Ginnie Mae)와 패니매(Fannie Mae)의 자동이체 식 증권 또는 패스스루 증권(pass-through securities)은 개별적인 주택저당증권을 비슷한 것끼리 묶어 비교적 동질적인 풀(pool)로 한데 모아 증권을 발행해 투자자에게 판매한 금융상품으로서 가장 대표적인 증권화의 사례다.

국내 부동산시장에서 일고 있는 대표적인 증권화의 사례는 부동산 프로젝트 파이낸싱(PF) 유동화다. 부동산 프로젝트 파이낸싱 유동화는 2002년 시작돼 2004-06년 동안 매우 활발하게 이루어졌다. 시중의 과잉 유동성이 빠르게 부동산시장으로 흘러들어 갔고 부동산 PF를 유동화한 자산유동화증권(ABS)시장 수요도 많았다. 특히 2007년 ABS 발행보다 발행과 유통이 자유로운 자산유동화 기업어음(ABCP) 발행이 급격히 늘었다.

금융공학

금융공학(financial engineering)이란 수학적 모형과 컴퓨터 기반의 거래 기법을 활용하여 새로운 금융상품을 만들어 내는 것을 말한다. 대표적인 금융상품으로는 원금보장 주식 연계 채권(principal-protected equity-linked note)을 들 수 있다.

금융공학은 한 증권의 현금 흐름을 분해하고 재분배하여 여러 개의 증권을 만들어 내기도 하고 여러 개의 증권을 결합시켜 하나의 합성증권을 만들어 내기도 한다.

컴퓨터 네트워크

인터넷과 컴퓨터 네트워크의 발달은 특히 금융부문에서 대혁신을 가져왔다. 특히 온라인 거래와 온라인 정보의 확산 그리고 자동화 매매체결 등은 눈부신 발전을 가져왔다.

전자 커뮤니케이션 네트워크는 투자자들 간의 직접 거래를 폭발적으로 증가시켰고 거래 비용을 획기적으로 줄이는 촉매제 역할을 하였다.

사례 한국인의 저축 및 투자 형태

자산 상위 10%가 우리나라 자산의 절반을 소유하고 있어 자산 불균형이 상당히 심각한 편이다. 또한 가구당 총자산 중 부동산 비율이 76.8%에 달해 한국인은 집 한 채가 전부라는 속설을 입증한다(통계청 : 전국 9300여 가구를 지역별 인구와 단독 아파트 등 주택구성을 감안해 무작위 선발 조사, 2006년 가계자산조사, 중앙일보, 2007.3.8). 우리나라 가계는 총자산 중 부동산 비율이 76.4%로 미국(36%), 캐나다(50%), 일본(61.7%) 등에 비해 매우 높다. 자산 상위 10% 계층의 평균 순자산은 전체의 51.9%를 차지했다. 이는 미국(69.5%), 스웨덴(58%), 독일(54%), 캐나다(53%)보다는 낮지만 필란드(45%), 이탈리아(42%)보다는 높다.

한국의 경우, 개인 금융자산 중 예금비중은 2002년 54.3%에서 2006년 47.2%로 크게 낮아지고 수익증권 비중은 2002년 4.8%에서 2006년에는 7.3%로, 주식비중은 14.6%에서 19.4%로 높아졌다. 또한 보험 연금자산은 2006년 전체 금융자산 중 22.7%, 채권은 2.6%를 차지하였다. 2000년대 들어서 경제주체의 투자 선호도가 예금자산에서 투자 형 자산으로 바뀐 것이다. 이러한 변화는 인구 고령화로 인한 연금 형 자산증가, 장기간 저금리 지속, 2007년 주식시장의 호황과 한국 할인(Korea Discount)의 점진적 해소, 선진국의 경기 호황과 주식시장의 랠리 등이 뒤받침 해 줬다(매일경제, 2007.5.31, 기은경제연구소).

국가별 개인 자산 포트폴리오(2006년 6월 말 현재)

	한국	미국	일본
부동산 등 실물자산	89.8%	60.0%	64.3%
기타 금융자산	0.8%	3.0%	3.6%
주식 채권의 직간접 투자	0.9%	4.2%	13.6%
보험 연금	2.1%	10.9%	12.5%
예금 적금 현금	6.4%	21.9%	6.0%

자료 : 대한상공회의소, FRB, 일본은행, 매일경제, 2007.7.25.

이러한 투자성향의 변화와 함께 2000년 이후 장기적으로 투자하는 패턴이 나타나고 있다. 이러한 장기적인 투자 성향에도 불구하고 장기적으로 투자할 수 있는 기업을 찾는 데는 여전히 문제로 남아 있다.

자본시장이 발전하면서 포트폴리오가 선진국 형으로 변하는 모습을 보이는 것도 부동산 투자가 줄어들 요인이 있지만 2006년 한국의 가계자산에서 주택 건물 등 부동산 자산의 비율은 77%로, 미국 36%, 캐나다 50%, 일본 62%에 비해 보면 기형적으로 높다. 한국인은 여전히 부동산 투자 선호가 강하다. 부동산 값이 뛰면서 땅과 집에 대한 투자 선호도가 30년 전에 비해 배로 늘어났다. 부동산 중에서 투자 목적 농지와 임야에 대한 선호도가 가장 크게 증가했다(국토연구원 조사, 매일경제, 2007.4.18). 한국 대기업의 임원 절반이 노후 대비로 부동산을 꼽을 정도로 부동산 선호사상은 깊은 것이다. 이는 경제 불안정과 밀접한 연관이 있다(월간중앙 설문, 중앙경제, 2006.5.18).

자산 포트폴리오 구성에서 토지, 금융 등 다양화 분산이 절실하다. 부동산 투자의 경우도 주택보다는 수익성 부동산에 집중하는 것이 전 세계적인 추세다. 오피스, 호텔, 백화점, 임대주택 등 현금을 창출하는 모든 수익성 부동산 투자가 활발한 것이다.

사례 가계의 자산 구성

한·미 가계의 포트폴리오를 보면 주식투자와 펀드 비중이 2004–06년 사이 31%로 급증한 반면 예금과 연금 및 보험은 정체 현상을 보였고 국채 비중은 상대적으로 크게 줄어들었다. 한미 양국 가계의 부동산 및 금융자산을 보면 한국은 88.6%와 11.4%인 반면 미국은 54.9%, 45.1%로 구성돼 있다(대신증권, 2006년 말 기준, 매일경제 2007.5.8).

한국의 경우, 개인 및 기관들의 펀드 투자 가운데 특히 공모펀드는 2000년대 들어서 급속히 증가했다. 그러나 공모 개당 투자된 자금은 매우 작다. 한국의 공모펀드 개당 평균 순자산액은 4,800만 달러로 대만 1억2400만 달러보다 낮았다. 특히 미국 14억2,500만 달러에 비하면 3.37%에 불과했다(매일경제, 2007.11.20, 자산운용협회). 국가별 펀드 개수를 보면 2007년 한국 4,123개(공모펀드), 9,002개(공모 사모 포함), 영국 2,086개, 일본 2,862개, 프랑스 8,122개, 미국 7987개에 달했다. 이와 같은 펀드 자금 규모가 적은 원인은 국내 펀드들이 투자경력을 쌓기보다는 시류와 유행에 따라 새롭게 출시되는 경향에서 비롯된 게 가장 큰 원인이다(매일경제, 2007.11.20).

미국의 경우, 수익증권, 뮤추얼펀드 등 간접투자 비중이 32%, 연기금은 17%에 달한다. 미국의 주가 추이를 박스 권에서 장기 상승 추세로 이끌어낸 것은 펀드, 연기금 등 기관투자가들이었다. 주로 예금에 집중되었던 가계자금이 1980년대 들어서 주식 채권 등 증권시장으로 옮겨가기 시작, 간접투자시장으로 이동했다. 1990년대 저금리 지배는 가계의 저축 및 투자행태를 완전히 바꾸었다. 과거에는 예금–연금펀드–주식–채권–뮤추얼펀드의 투자 순으로 자산비중을 배분했던 개인투자자들이 연금펀드–주식–예금–뮤추얼펀드–채권의 순으로 자산구성을 바꾸었다.

다우지수가 장기간 1,000포인트에서 자주 좌절됐다가 1만 포인트로 지속적 오름세를 탄 것은 간접투자를 통한 장기적인 증시수요기반이 큰 힘이 되었다. 특히 1987년 블랙 먼데이 등의 증시 폭락 시기에도 기관들의 적극적인 주식매수가 증시를 떠받치는 역할을 담당하였다. 미국 증시의 발전과정에서 기관투자자는 주식시장 활성화에 크게 기여하였다. 1962년 2월부터 1981년 4월까지 15년 동안 570~1,020포인트 박스 내 움직임을 벗어나는데 결정적인 역할을 했다.

상장기업의 투자자별 비중 분포(단위 : %)

투자주체	영국	미국	스위스	일본	독일	프랑스	이탈리아
개인	21.3	48.1	20.1	22.6	17.0	20.7	33.9
비금융 기업	3.6	14.1	16.4	24.8	42.0	54.5	23.0
은행	0.9	0.3	4.7	26.7	10.0	4.3	9.9
보험연금	57.9	30.9	21.3	13.4	12.0	4.1	1.4
공공기관	3.9	-	2.1	0.7	5.0	4.5	27.0
외국인	12.4	6.6	35.7	3.9	14.0	11.9	4.8
기관비중	78.7	51.9	79.9	77.4	83.0	79.3	66.1
GDP 대비 연금 자산비중	56.4	19.8	78.0	6.4	6.1	3.1	0.9

주) 1995년 기준, 기관비중은 비금융기업, 은행, 보험연금, 공공기관, 외국인을 포함한 수치임. 연금자산은 1994년 기준.

자료 : Urs W. Bircher(1995)

주요국 기관투자가 주식보유 비중(2000년 말 기준, 단위 : %)

국가	예금은행	보험	연기금	투자기관
한국	1.2	4.5	6.6	8.9
미국	0.4	29.3	60.9	51.8
일본	3.4	10.1	11.1	12.5

자료 : 한국은행, FRB, 일본은행, 매일경제, 2002.2.26

제2장

자산의 유형과 금융 증권

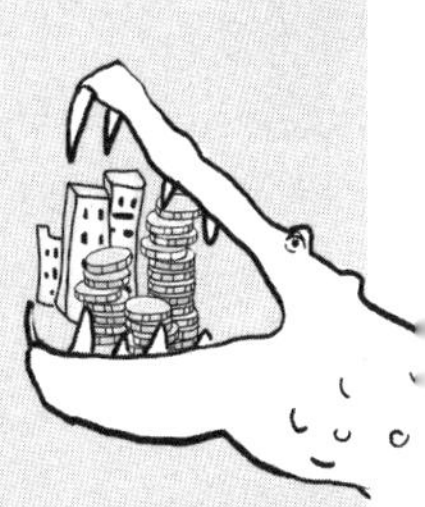

제1장에서 우리는 포트폴리오를 구축하는 과정에서 여러 자산을 분산 배분하는 것과 특정 자산을 선택하는 의사결정 과정을 볼 수 있었다. 자산의 분산 배분과 자산의 선택은 현금, 주식, 채권 등 여러 자산을 대상으로 투자하는 관리 과정이다.

국내외에서 발행, 거래되는 증권은 그 수를 헤아릴 수 없이 많으며 이는 투자할 수 있는 금융수단들이 그 만큼 다양하다는 것을 의미한다.

우리나라의 대표적인 단기금융상품으로는 콜(call), 통화안정증권, 재정증권, 양도예금증서, 적격기업이 발행하는 기업어음, 금융회사가 자기신용으로 발행하는 발행어음, 무역어음, 환매조건부채권, 상거래에서 수반하여 발행된 상업어음, 금융회사가 운용하는 어음관리구좌, 통화채권펀드 등을 들 수 있다.

우리나라의 장기금융상품으로는 증권투자신탁상품, 국채, 지방채, 특수채, 금융채, 회사채 등의 채권(bond)과 전환사채, 신주인수권부사채 등과 같은 주식과 유사한 채권, 자산담보부 증권, 주식, 파생증권 등을 들 수 있다.

넓은 의미의 자본시장은 주식(stock, equity, ownership shares), 채권(bond), 저당증권(mortgage), 펀드, 장기 설비자금에 대한 대출 등 금융수단들이 발행되고 거래되는 시장을 말한다. 좁은 의미의 자본시장은 주식과 채권 등이 발행되고 거래되는 증권시장(securities market)만을 의미한다.

이 장에서는 투자대상이 되고 있는 여러 금융자산들 가운데 현금과 1년 미만의 단기증권이 거래되는 단기금융자산과 주식, 채권 등이 발행되고 거래되는 장기금융시장 즉 협의의 자본시장에서 발행되고 거래되는 금융상품들을 중심으로 살펴본다.

01 화폐시장과 단기금융상품

예금증서

예금증서는 은행이 정기예금에 대하여 발행하는 무기명 예금증서를 말한다. 예금자는 이를 금융시장에서 자유로이 매매할 수 있다. 정기예금증서에는 양도가 가능한 증서와 양도 불가능한 증서가 있다. 예금 증서는 현금 지불기(cash dispenser : CD)와 구별하기 위하여 NCD라고 부르는 경우가 있다.

기업어음

기업어음(CP: commercial paper)은 기업이 단기간의 자금 과부족을 해결하기 위해 단기 간 이용하고 갚는 자금에 의존하는데 주로 사용하는 어음이다. CP는 법률적으로 상업어음과 같은 약속어음으로 분류된다.

표지어음

표지어음(Cover bill)은 금융기관이 할인하여 보유하고 있는 상업어음, 무역어음, 팩토링어음 등을 분할 또는 통합하여 새로이 발행한 약속어음이다. 표지어음은 만기 1년 이내인 원어음의 잔여 만기를 기초하여 발행됨에 따라 단기금융상품으로 분류된다.

은행인수어음

상품의 수출 수입 적출(積出) 또는 보관을 위해 은행 앞으로 발행돼 은행이 인수하는 기한부 어음이다. 은행은 어음을 인수한 후 제시인에게 반환하든가 또는 은행이 만기까지 보유하든가 혹은 중도에 딜러에게 반환하는 방법 중 한 가지를 선택한다. 은행이 제시인에게 반환할 경우 제시인은 이것을 시장에서 딜러를 통해 최종 투자자에게 매각한다.

환매채와 역환매채

환매조건부채권 매매는 채권을 일정기간 후에 일정 가격으로 다시 매도하거나 매수한다는 특약으로 장외에서 매매하는 것을 말한다. 환매채 매매는 당초의 매도자는 일단 환매조건부매도를 했다가 후일에 환 매수를 하는 것이다. 역환매채 매매는 당초의 매수자는 일단 환매조건부매수를 했다가 후일에 환 매도를 하는 것이다.

환매조건부채권 매매는 채권의 매매이므로 그 담보가격을 평가하여 대차하는 것이 아니고 채권의 시장 실세를 기준으로 하여 매매를 하게 된다. 또 자금 공여자는 소정 기간 중에는 단순히 채권의 담보권만을 취득하는 것이 아니고 완전한 소유권을 취득하게 되며 소정 기일이 도래하면 양 당사자는 별도의 의사 행위 없이 채권의 인도 또는 대금 지급 등 재매매를 이행해야 한다.

콜 자금

콜 자금은 금융기관 사이의 단기자금 대차가 거래되는 자금이다. 금융기관 간 콜 거래는 영업 과정에서 생기는 지불준비금 과부족을 서로 조정하기 위하여 극히 짧은 기간 동안 전화로 이루어진다.

통화안정증권

통화안정증권은 한국은행이 통화량을 조절하기 위하여 금융기관 또는 일반을 대상으로 발행하는 증권이다.

유로 달러

유로 달러(Eurodollar)는 미국 이외의 외국은행 또는 미국계 은행의 해외지점에 예치된 달러 표시 예금을 말한다. 유로 달러 예금은 대체로 거액이며 만기 6개월 이하의 정기예금이다.

LIBO 시장

LIBO 시장(London Interbank Offer)은 런던의 대형은행 간에 거래되는 대출시장을 의미한다. 여기서 형성되는 런던 은행간 대출금리(London Interbank Offer Rate: LIBOR)란 런던의 대형은행들이 서로 자금을 거래할 때 적용되는 금리로 리보금리(리보이자율)라고 부른다.

02 채권과 채권시장

국채

국채는 정부가 발행하는 채권을 말한다. 정부는 헌법과 국제법에 의거하여 국회의 의결을 얻은 후에 국채를 발행한다. 국채 역시 채권의 일종이므로 발행자가 보유자에게 미리 정한 일정과 지급일정에 따라 이자와 원금을 지급하게 된다.

일반적으로 채권은 확정적인 이자소득과 원금을 보장받는 투자수단이라는 점에서 영업실적에 따라 변동되는 배당금과 시세차익을 투자 목적으로 하는 주식과 차이가 있다. 여기서 국채가 일반 채권들보다 유리한 점이 있다면 일반채권의 경우 발행자가 파산할 경우 원리금을 보장받지 못할 수 있지만, 국채는 발행자가 국가이므로 원리금의 지급보장이 거의 완벽히 지켜질 수 있다는 점이다.

국채는 발행자의 신용위험이 거의 없어 통상 무위험자산으로 분류되며 채권 중에서 신용도와 지명도가 가장 높은 채권이다. 한국의 중앙정부나 미국의 연방정부가 발행하는 만기 1년 이상의 중장기채권을 말한다. 한국의 국채로는 국고채를 들 수 있다. 미국의 국채로는 중기 재무성 증권(Treasury note)과 장기 재무성 증권(Treasury bond)을 들 수 있다.

국채는 발행목적에 따라 국고채권, 양곡채권, 외국환평형기금채권, 국민주택채권 1, 2종, 도시철도채권 등이 있다. 이 중에서 국고채, 양곡채, 외평채는 경쟁입찰을 통하여 시장의 실세금리로 발행되고 기타 채권은 주택이나 차량 등을 구입할 때 의무적으로 매입하여야 하는 첨가소화 방식으로 발행된다.

다양한 채권들은 시장에서 매매가 이루어진다. 흔히 채권은 안정적인 수익을 보장하는 장점을 갖는 투자수단이지만 채권시장의 거래절차가 까다롭고 기관중심의 대량거래가 이루어지고 있어 개인들이 쉽지 않다. 이에 따라 일반적으로 개인들의 경우에는 투자신탁회사 등의 채권형 수익증권을 통하여 간접적으로 채권시장에 접근하고 있다. 그러나 정부는 최근 국채발행액의 일정부분을 개인들에게 배정하여 발행하는 것을 추진하고 있어 앞으로 개인들의 국채매매도 활기를 띨 것으로 예상된다.

국제채권

국제채권은 영국에서 발행되는 달러화 표시채권, 일본 국내 밖에서 발행되는 엔화 표시 채권 등의 유로채권(Eurobond), 외국의 발행자가 미국 시장에서 발행되는 채권(양키본드, Yangkee bond), 외국 발행자에 의해 일본 금융시장에서 발행되는 엔화 표시 채권 등을 말한다.

지방채

지방채는 우리나라의 경우 각도와 시 등 지방자치단체가 발행하는 채권을 말한다. 미국의 경우 주정부와 지방정부가 발행하는 채권을 말한다. 미국 지방채의 가장 큰 특징은 비과세 증권으로 발행되고 있는 점이다. 국세나 지방세를 납부하지 않기 때문에 낮은 수익률에도 불구하고 매력 있는 투자 대상이 되고 있다.

채권시장

우리나라의 채권시장은 채권의 발행과 인수가 이루어지는 발행시장과 이미 발행된 채권이 거래되는 유통시장을 통합해서 말한다. 발행채권의 인수는 통상 증권회사가 담당하지만 국채의 경우에는 증권회사, 은행, 종금사, 보험사 등으로 구성된 국채인수단이 참여한다.

우리나라에서 채권 매수자는 일반투자자보다는 기관투자자들이 대부분을 차지해 수요기반이 취약하다. 채권거래는 증권회사를 중개기관으로 하여 대부분 장외에서 이루어지고 있다. 증권거래소에 개설된 장내시장은 일부 소액 국채와 전환사채가 거래되고 있다.

03 주식

주식은 기업에 대한 소유지분권을 나타내는 증권이므로 주식 소유자는 주주로서 회사의 중요 사항에 대해 의사결정에 참여할 수 있다. 채권은 증권을 발행한 기업과 증권 소유자간의 대차관계를 나타내는 증서로서 소유지분권을 나타내는 주식과 크게 다르다.

• **채권과 주식의 차이**

	채 권	주 식
자본조달형태	대부증권	출자증권
조달자금의 성격	타인자본(부채)	자기자본
증권의 존속기간	한시적	영구적
보수의 형태 및 성격	확정 이자	가변적인 배당
조달원금	만기 시 원금 상환	상환의무 없음
증권소유자의 지위	채권자	주주
경영참가권	없음	있음

주식시장

주식시장이란 주식회사가 주식을 매개로 자금을 조달하고 발행된 주식이 거래되는 시장이다. 주식시장은 주식이 발행기관을 통하여 최초의 투자자에게 이전되는 발행시장과 이미 발행된 주식이 투자자간에 거래되는 유통시장으로 구분된다.

발행시장은 자금수요자인 발행주체가 발행기관을 통해 자금공급자인 투자자에게 주식을 매각하여 자금을 조달하는 시장이다. 우리나라 유통시장은 증권거래소시장과 증권사협회중개시장(코스닥시장)이 있다.

04 파생상품

주가지수 선물시장

주가지수 선물시장은 주식(현물)시장에서 거래되는 주식 전체 또는 일부의 가격수준을 나타내는 주가지수를 대상으로 하여 미래의 일정 시점에 일정한 가격으로 매매할 것을 미리 약정하는 선물거래가 이루어지는 시장이다.

주가지수 옵션시장

옵션(option)이란 상품이나 유가증권 등의 기초자산을 미리 정해진 가격(행사가격)으로 지정된 날짜(만기일)에 또는 그 이전에 사거나 팔 수 있는 권리를 말한다. 이 권리는 매수가 자신에게 유리하면 권리를 행사하고 그렇지 않으면 포기할 수 있는 선택권이다.

주가지수옵션시장은 주식시장에서 거래되는 주식 전체 또는 일부의 가격수준을 나타내는 주가지수를 대상으로 하여 미래의 일정한 시점에 일정한 가격으로 거래할 수 있는 권리를 매매하는 옵션거래가 이루어지는 시장이다.

주식 파생상품

주식 파생상품으로는 주가연계증권, 주가연계펀드, 주가연계예금, 상장지수펀드, 주식 워런트 증권 등이 있다. 주식파생상품 시장의 장점은 리스크를 줄이면서 투자수익을 극대화할 수 있다는 점이다. 반면 단점은 투자위험이 크다는 점이다. 따라서 파생상품 투자자들은 시장 특성과 상품 구조를 면밀히 따져 투자하는 것이 필요하다.

• 주요 주식 파생상품의 특징

구 분	약 어	기초자산	특징
주가연계증권	ELS	채권, 개별주식 종목, 파생상품	특정 주가 구간에서 원금보장 및 수익률 조기 상환 가능
주가연계펀드	ELF	ELS	상동
주가연계예금	ELD	정기예금, 파생상품	정기예금 금리 이상의 추가 수익 가능
상장지수펀드	ETF	지수, 특정지수에 포함된 종목	소액으로 분산 투자 효과
주식워런트증권	ELW	개별주식 종목	개별종목 투자에 대한 위험 회피 가능

주가연계증권 ELS

주가연계증권 ELS는 주가 또는 지수변동에 따라 만기 지급액이 결정되는 증권이다. 주가연계펀드 ELF는 투자신탁회사나 증권사들이 ELS상품 펀드에 편입하거나 자체적으로 원금 보전 추구 형 펀드를 구성해 판매하는 상품이다.

주가연계예금 ELD

주가연계예금 ELD은 은행이 투자 원금 중 일부를 원금이 보장되는 이자율로 정기예금에 넣은 뒤 나머지 돈으로 주가지수 옵션 등에 투자해 만기시 원금예금을 보장하면서도 이자수익을 가지고 주가지수에 연동해 추가 수익을 내는 상품이다. 주가지수 연동 정기예금은 2002년부터 판매됐다.

주식워런트증권 ELW

주식워런트증권 ELW은 특정 증권의 가격 또는 주가지수의 변동과 연계해 일정한 기간이 지나면 미리 약정된 방법에 따라 해당 주식 또는 현금을 사고 팔 수 있는 권리가 주어진 증권이다.

상장지수펀드

상장지수펀드(ETF)는 수익률이 코스피200지수 등 특정 지수를 따라가도록 만들어진 일종의 인덱스펀드다. 그러나 인덱스펀드와 달리 주식처럼 증시를 통해 환매수수료 없이 바로 사고 팔 수 있으며 운용수수료가 대개 1% 미만으로 일반펀드에 비해 매우 저렴하다. 국내에선 홈트레이딩 시스템을 통해 거래할 수 있다.

- 상장지수펀드(ETF)의 예

- KODEX 200 : KOSPI 200지수를 따라가는 펀드
- 미국의 스파이더(SPY US) : S&P 500지수를 따라가는 펀드
- 다이아몬드(DIA US) : 다우존스산업지수를 추종하는 펀드
- QQQQ : 나스닥지수를 쫓는 펀드

제3장

증권의 발행과 거래

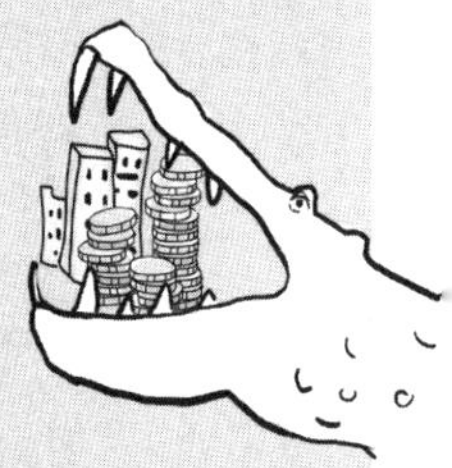

01 증권의 발행

기업은 자본조달이 필요할 때 채권이나 주식 등의 증권을 발행, 매각을 통해 보충한다. 기업의 자본조달 방식에는 주식, 채권, 어음 등의 증권 발행과 금융기관으로부터 현금을 차입하는 방법이 있다. 이러한 방법을 통해 기업은 국내외 시장 어느 곳에서든지 필요한 자금을 조달할 수 있다. 신규로 발행된 주식이나 채권은 일반적으로 증권회사를 통해 발행시장에서 일반인에게 매각된다.

증권시장은 발행시장과 유통시장으로 구분한다. 발행시장은 신규증권이 발행되는 시장이고, 유통시장은 증권이 거래돼는 시장이다. 유통시장은 거래소시장(on-board market)과 장외시장(off-board market)으로 나눈다.

거래소시장은 상장증권이 집단적으로 매매되는 거래소시장을 말하고 장외시장은 투자자와 증권회사 사이에 직접 또는 개별적으로 거래되는 시장을 의미한다. 장외거래는 증권회사의 객장에서 이루어지므로 점두시장(over the counter market)이라고도 부른다.

02 증권의 거래

우리나라 주식시장에는 주식발행시장과 주식유통시장이 있고, 주식유통시장에는 증권거래소시장과 증권사협회중개시장(또는 코스닥시장), 장외시장이 있다.

증권거래소

증권거래소는 지정된 일정한 건물에서 증권거래가 계속적이고 조직적인 매매로 이루어지는 시장이다. 증권이 거래소에서 매매되기 위해서는 먼저 주식이 상장되어야 한다. 장외시장이란 장소나 시간제한 없이 증권매매가 이루어지는 비조직이며 추상적인 시장이다. 우리나라 장외시장에서 거래될 수 있는 종목은 증권협회에 등록한 종목에 한정하고 있다.

코스닥시장

코스닥시장(KOSDAQ)은 증권협회시장이라고도 부른다. 코스닥시장은 증권거래소시장에 상장되지 아니한 중소벤처기업 등에게 자금조달기회를 제공하기 위하여 증권업협회가 운영하는 주식장외시장이다. 코스닥시장의 등록기준은 증권거래소 상장기준에 비하여 상당히 완화되어 있다.

종합주가지수

주가지수(stock price index)는 기준시점의 주가수준(시가총액)을 100으로 하여 비교시점의 주가수준(시가총액)을 나타낸다. 주가지수는 주식시장 전체의 흐름을 나타내는 지표로서 주가예측의 기본적 정보를 제공하고 주식투자의 평가기준으로 작용한다.

자본시장의 전반적인 동향을 나타내는 시장지표를 이용한 다양한 지표가 개발되고 있다. 우리나라 자본시장에서 가장 대표적인 지표 중의 하나에 종합주가지수가 있다. 우리나라 종합주가지수(stock price index)는 시가총액 식 주가지수를 산출하고 있다.

주가지수 = (비교시점의 시가총액 / 기준시점의 시가총액) × 100

여기서 시가총액은 주가에 상장주식 수를 곱한 것이다. 주가지수는 주식시장 전체의 흐름을 나타내는 지표로서 주가 예측의 기본적 정보를 제공하고 주식투자의 평가기준으로 작용한다.

시가총액 식 주가지수의 장점은 상장주식 수가 주가에 가중되므로 주가지수가 비교적 정확하게 반영될 수 있는 점과 전 상장 종목을 대상으로 작성하므로 전체적인 시장파악이 용이한 점이다.

그러나 단점은 가중치가 큰 대형주의 주가 변동이 시가총액에 크게 영향을 미치므로 주가지수 등락에 많은 영향을 받는 반면 다수 소형주 상승은 일반적으로 큰 상승의 느낌을 주면서도 실제 주가지수의 상승에는 별다른 영향이 없이 나타날 수 있다. 따라서 우리나라 종합주가지수와 같은 총액 식 주가지수는 주식시장의 흐름을 잘못 판단할 우려가 있다.

제3시장

제3시장은 거래소 상장 또는 코스닥 등록 요건을 충족하지 못하여 제도권 시장에 진입이 어려운 기업이 발행한 주식이나 또는 등록 상장이 폐지된 기업의 주식이 거래되는 시장이다. 이와 같이 제3시장은 비상장 · 비등록 기업의 주식들이 거래되는 시장이므로 거래소 상장 주식과 코스닥 등

록주식보다 훨씬 위험과 수익이 높은 시장이다. 상장 및 등록 주식은 주문이 집중되어 매매가 이루어지는데 반해 제3시장에서는 매도자와 매수자가 1대1로 거래되는 상대매매라는 큰 차이점이다.

03 자본시장의 역할과 기능

자본시장은 자금의 수요자와 공급자 사이에서 자금의 이동을 보다 효율적으로 이루어지도록 하는 기능을 수행한다. 높은 투자수익률이 예상되나 자금이 부족한 경제주체(적자경제주체)와 자금은 풍부하나 투자기회를 찾고 있는 경제주체(흑자경제주체)에게 자금을 서로 연결시켜주고 중개시켜주는 기능을 수행함으로써 각 경제주체의 자금 이용에 따른 효용을 극대화함과 동시에 국민 전체적으로 자원의 효율적인 배분을 극대화하는 역할을 수행한다.

04 한국 주식시장의 발전

우리나라에서는 천일은행이 주식회사로 설립된 1879년 처음으로 주식이 발행되었다. 이 때 발행된 주식은 전량 발기인이 인수하였다. 또한 우리나라에서 처음으로 이루어진 증권거래는 1920년 거래기관인 현물취인시장(現物取引市場)이 설립되면서 시작되었다.

그러나 해방 직후의 극심한 정치적 혼란과 한국전쟁을 거치면서 우리나라 증권시장은 유명무실한 상태로 전락하고 말았다. 근대적인 의미의 증권시장은 1956년 대한증권거래소의 개장으로 시작되었다. 그러나 증권 발행이나 거래 등 발행시장이나 유통시장 모두 지시부진하였고 미미한 수준에 있었다.

우리나라 증권시장이 활기를 띄기 시작한 것은 사실상 1960년대 후반에 들어서면서 시작되었다고 볼 수 있다. 비록 몇 번의 극심한 증권파동과 장기적인 침체를 경험하기도 하였으나 심한 굴곡을 겪는 가운데에서도 양적으로 비약적인 성장을 하며 질적인 변화를 가져왔다.

지속적인 경제 성장과 함께 경제규모가 세계 10위권에 들어서는 선진국 문턱에 들어서면서 주식시장도 양적으로 눈부시게 성장한 것이다. 그러나 시장 규모의 성장에도 불구하고 주식시장은 과도한 변동성을 노출하였고 변칙거래들이 난무하였다.

최근 코스닥 주가 상승은 과거 묻지마 투자로 100조원에 이른 시가총액이 2001년에는 30조원으로 꺼졌던 거품시기와는 확연히 다른 시장을 보여주고 있다. 시장은 실적 위주의 기업 펀더멘털에 기초한 투자로 탄탄한 상승 탄력을 받는 모습을 보이고 있다. 하지만 여전히 과거와 같은 개인의 묻지마 투자가 재연될 가능성이 언제든지 남아 있다.

먼저 고객예탁금이 급속히 늘고 미수거래제도에서 신용거래제도로 바뀌면서 개인의 매수여력이 한층 강화된 점이 향후 과열 양상을 부추길 수 있다. 이러한 제도 변경으로 이자만 지불하면 차입기간은 길게 끌고 갈 수 있어 대세 상승기에는 신용거래가 크게 늘 수 있는 환경으로 바뀐 것이다. 따라서 집중적으로 몰려 있는 만기 때와 주가가 계속 하락하는 시기가 서로 맞물리면 주가가 폭락할 수 있는 소지가 매우 크게 되었다.

2007년 7월 4일 한국 증시는 유가증권시장과 코스닥시장을 포함한 전체 시가총액이 1,000조에 이른 시대를 열었다. 이 같은 규모는 세계거래소 연맹(WEF) 소속 51개 증시(2007년 5월말 기준) 중에서 16위 수준이다. 국내총생산(GDP)대비 시가총액은 121.34%에 달했다. 한국을 비롯한 신흥시장은 일반적으로 국내총생산(GDP)대비 시가총액 비중이 낮다. 국내총생산(GDP)대비 시가총액 비중은 주식시장 발전을 가늠하는 척도가 된다.

2007년 한국 증시는 1980년대 미국과 일본 증시가 급등할 때, 경제성장률이 높지 않았던 당시 산업자본이 금융자본으로 넘어가는 시기와 같이 유동성이 주가를 이끌었던 때와 흡사한 모습을 보였다.

제4장

수익률과 리스크

01 금리수준의 결정 요인

대부자금이론

금리수준의 결정과 그의 변동 요인에 대해 대부자금의 공급과 수요를 통해 설명해 보기로 한다. 가계의 저축은 가계 소득에서 소비하고 남은 잔여 소득 즉, 미래에 지출하기 위한 잔여 현금(돈) 소득으로 이해할 수 있다. 이러한 이유 때문에 저축은 현재의 소득을 쓰지 않고 미래의 소비로 연장한다는 의미에서 미래소비 또는 현재저축이라고 부른다.

가계의 현재 저축이 금융 중개기관(은행 등 각종 금융기관)을 통해 예금 형태로 있게 되면 그 자금은 대부자금(금융기관이 대출할 수 있는 자금)의 원천이 된다. 반면 재화 및 서비스 생산의 공급주체인 기업은 거대한 자금이 소요되는 설비투자를 위해 자금을 필요로 하므로 설비투자는 바로 대부자금의 수요 원천이 된다.

가계의 저축은 금리가 상승하면 증가하는 반응을 보인다. 반면 금리가 하락하면 저축은 감소하는 반응을 나타낸다. 따라서 저축과 금리는 증가함수 관계에 있다고 말할 수 있다. 반대로 투자는 금리가 상승하면 생산주체의 이자부담이 늘어나므로 감소하고 금리가 하락하면 금리 부담이 줄어듦으로 투자는 증가한다. 따라서 투자와 금리는 감소함수 관계에 있다.

이를 정리하여 투자(대부자금수요를 일으키는 투자)와 금리 그리고 저축(대부자금의 공급원이 되는 저축)과 금리 간의 관계를 그림으로 나타내면 대부자금의 수요곡선은 우하향하는 곡선을 취하고 대부자금의 공급곡선은 우상향하는 곡선을 취한다.

[그림 4.1] 대부 자금의 수요와 공급

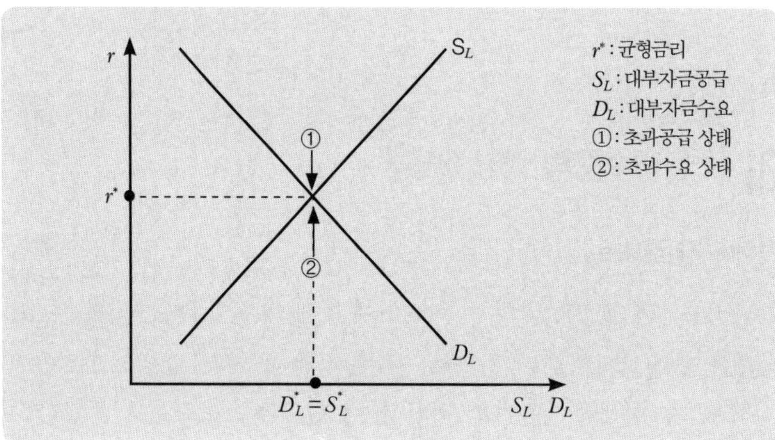

시중자금의 수급사정을 반영한 적정금리를 나타내는 균형금리수준은 대부자금의 수요곡선과 공급곡선이 서로 교차하는 곳에서 결정된다. 시장금리는 대부자금의 수요가 공급보다 크면 상승 압박을 받게 되고 반대로 대부자금의 공급이 수요보다 크면 시장금리는 하락하게 된다. 따라서 시장금리수준은 대부자금의 수요와 공급 상황에 따라 끊임없이 움직인다.

대부자금의 수요곡선과 공급곡선을 이동시키는 요인은 많다. 대부자금의 수요곡선 자체를 이동시키는 대표적인 요인으로는 경기변동, 투기적인 가수요, 외국자금의 유출, 추가적인 통화수요 등을 들 수 있다. 대부자금공급곡선 자체를 이동시키는 중요한 요인들로는 경기변동, 외국자금의 유입, 추가적인 통화 공급 등을 들 수 있다.

예를 들면 대부자금수요는 경기 국면과 서로 밀접한 관련을 갖고 변동한다. 경제가 호황 국면에 있게 되면 호경기를 타고 자사 제품이 잘 팔리는 기업들의 경우 상품 매출을 늘리기 위해 생산시설의 확장에 필요한 자금을 더 많이 필요로 하므로 자금수요가 크게 증가한다. 특히 호황 덕분에 폭발적인 가수요까지 겹치면 자금수요가 단기간에 자금 공급이 따라가지 못할 만큼 급증할 수 있다. 이 경우, 대부자금의 공급이 따라주지 못하면 시중금리는 급속히 상승할 수밖에 없게 된다.

또 다른 예로 기업들이 현재금리 수준이 아직 낮다고 판단하고 오르기 전에 앞당겨 자금을 끌어 쓰려고 할 때 자금수요가 폭증할 수 있다. 이 과정에서 금융권의 자금공급이 미처 따라주지 못해 자금통로에 여러가지 마찰이 생기면 시중금리는 폭등할 수밖에 없다.

피셔의 기대가설

피셔(Irving Fisher, 1867–1947)는 높은 물가상승률은 높은 명목이자율을 동반하고 낮은 물가상승률은 낮은 명목이자율을 동반한다는 사실과 이자율 변동 추이는 물가 변동이 일정한 기간을 경과한 뒤에 나타난다는 사실을 실증분석을 통해 발견하였다.

피셔는 과거 인플레이션율의 가중평균치와 현재 이자율 간에 깊은 상관관계가 존재한다는 것을 경험적 분석을 통해 확인한 것이다. 이러한 상관관계에 대해 그는 과거 인플레이션율의 경험에 기초해서 형성된 장래 인플레이션의 기대가 현재 이자율 형성에 지대한 영향을 미치는 것으로 추측하게 되었다.

피셔에 의하면 명목이자율은 실질이자율과 인플레 프리미엄에 의해 결정된다고 보았다. 이것은 시장이자율(r) 즉 명목시장이자율은 실질이자율(i)에 인플레이션 프리미엄(구매력손실 위험)을 가산한 것으로 나타낼 수 있다고 본 것이다. 이와 같이 두 이자율 사이에 차이가 나는 현상 즉 명목이자율과 실질이자율 간 차이는 자금수요자와 공급자 즉 시장참가자의 실패에서 발생한 것으로 본다. 이러한 차이를 이자율의 화폐환상이라고 부른다.

만약 저축자(자금공급자)와 투자자(자금수요자)들이 모두 이자율의 화폐환상에 빠지지 않는다면 실질이자율은 실질저축과 실질투자에 의해서 결정된다. 그러나 실질이자율은 금융시장에서 직접 관찰할 수 없다. 그 이유는 인플레이션이 존재한 경제에서 실질이자율 수준은 일정하지 않고 유동적으로 움직인다고 볼 수 있기 때문이다. 따라서 실질이자율은 인플레이션율과 실질소득수준에 따라 수시로 변동한다.

첫째, 시장참가자들은 미래의 인플레이션을 예상하는데 미래의 인플레이션을 현실적으로 관찰할 수 없다는 점이다. 설사 예상에 대해 합리적 계산이 가능하다 하더라도 경제주체마다 다를 수 있다는 점이다. 즉 적자경제주체와 흑자경제주체는 미래 인플레이션에 대한 예상이 서로 다를 수 있다. 또한 각 경제주체의 예상에 대한 적응도 다르다. 이러한 이유 때문에 예상인플레이션에 대한 계산은 불가능하다고 볼 수 있다.

둘째, 미래의 예상 인플레이션율은 현실의 실제 실현인플레이션과 일치하는 일도 드물다는 점이다.

셋째, 피셔의 이자율결정에서 우리는 이자에 대한 세금이 전혀 고려되지 않고 있음을 알 수 있다. 이자에 세금이 부과된다면 이자소득은 이자소득세 만큼 줄어들 것이므로 실질이자율은 세율을 뺀 이자율로 나타내야 한다.

예를 들어, 세전 및 세후 실질이자율의 차이를 보기 위해 인플레이션 율은 2.9%, 이자소득세율은 30%, 명목시장이자율은 4.14%로 상정한다. 이러한 가정 하에서 세전 및 세후 이자율은 각각 다음과 같이 계산된다.

시장이자율(명목이자율) − 인플레이션율 = 세전 실질이자율
  4.14 % − 2.9 % = 1.24%
시장이자율× (1 − 세율) = 가처분명목이자율(가처분이자소득)
  4.14 % × 0.7 = 2.898%
가처분 명목이자율 − 세전 실질이자율 = 세후 실질이자율
  2.898 % − 1.240% = 1.658%

식에서 보면 세전 및 세후 실질이자율은 모두 명목이자율보다 낮아지는 것을 볼 수 있다. 이것은 실질이자율이 인플레이션의 영향을 받는다는 것을 의미하며 피셔가설을 뒷받침해 주고 있다. 또한 명목이자율에서 예상인플레율을 뺀 실질이자율이 변동한다는 것은 소득재분배효과를 가져온다는 것을 알 수 있다.

미국의 경우 1970년대 세전 실질이자율이 매우 낮았고 부(−)의 실질이자를 보인 적도 있었다. 특히 세후 실질이자율은 예외 없이 마이너스(−)이자율을 보였다. 이것은 당시 시장참가자들이 동일한 예상 인플레이션을 상정하더라도 각 경제주체들은 본인의 의사와 달리 소득재분배를 경험한 것으로 볼 수 있다. 다시 말해서 자금대여자는 상대적으로 손실을 보고 자금사용자는 상대적으로 이득을 본 것이다. 그러나 1980년대에는 세전 및 세후 이자율이 1970년대와 전혀 다른 양상을 보였다.

피셔의 기대가설은 반드시 경제현실과 일치한다고 볼 수는 없다. 그러나 주요 선진국의 실증분석을 보면 인플레이션율과 실질이자율 사이에는 깊은 상관관계가 존재한다는 것을 입증하고 있다.

미국의 경우 명목이자율의 변동 추이와 인플레이션의 변동 추이가 비슷하게 동일 방향으로 움직이는 것을 보여주었다. 최근 선진국에서는 인플레이션 프리미엄이 높은 비중으로 점유해 가고 있다. 즉 높은 인플레를 경

험한 나라들은 대부분 높은 명목시장이자율을 보이고 낮은 인플레를 경험한 나라들은 낮은 명목시장이자율을 나타냈다.

02 리스크와 리스크 프리미엄

포트폴리오의 수익률과 위험

여러 금융자산으로 구성한 포트폴리오가 있고 그 포트폴리오들은 A,B 포트폴리오가 있다고 하자. 그리고 A포트폴리오의 수익률은 경기 국면에 따라 각각 5%, 5%, 5%, 5%를 나타냈고, B포트폴리오의 수익률은 같은 국면에서 각기 3%, 7%, 1%, 9%를 나타냈다고 가정하자. 이 때 A포트폴리오와 B포트폴리오의 평균수익률은 다음과 같이 각각 ① 5% + 5% + 5% + 5% = 5%과 ② 3% + 7% + 1% + 9% = 5% 산출된다.

여기서 볼 수 있는 것처럼 A와 B 포트폴리오의 평균수익률은 5%로 동일하다는 것을 알 수 있다. 그러나 A, B 포트폴리오의 평균수익률이 모두 같지만 수익률 분포에서 보면 B포트폴리오는 A포트폴리오보다 훨씬 변화 폭이 크다는 것을 알 수 있고 이처럼 변동 폭이 큰 분포를 보이는 현상을 위험(리스크)이 크다고 말한다.

A포트폴리오의 수익률은 다섯 개의 국면에서 모두 동일한 분포를 보이고 있는 반면 B포트폴리오의 수익률은 다섯 개의 국면에서 모두 불안정한 분포를 보이고 있다. 두 포트폴리오의 평균수익률은 같지만 A포트폴리오의 위험이 B포트폴리오의 위험보다 더 적다는 것을 알 수 있다.

미래의 상황이란 항상 불확실하기 때문에 우리가 투자에서 기대하는 미래의 수익률 역시 불확실하다. 미래의 수익률을 예측하기 위해서는 보통 과거의 실현된 리스크를 살펴본다.

과거 실현된 리스크는 역사적 변동성을 통해 측정한다. 역사적 변동성은 과거 주가수익률(예를 들면 코스피지수 상승률)의 표준편차로 추정한다. 주가수익률의 표준편차는 일정한 기간동안 일별 주가수익률이 얼마나 흩어져 있느냐를 판단하는 지표다.

코스피 지수가 하루에 매일 5%씩 상승하면 변동성은 0이 되지만 하루는 40% 오르고 하루는 80% 내리는 변동 폭을 보이면 변동성은 크게 증가하게 된다. 이와 같이 변동성이 높으면 그 만큼 주식 투자자는 높은 위험성을 받아들일 부담을 져야 한다. 우리나라 유가증권시장의 일중 및 일간 주가 변동성은 주요 선진국에 비하여 높은 편이다. 또한 주가 변동성과 관련해 주목할 점은 국내주가의 움직임과 미국 및 중국 주가의 움직임 간의 상호 관계이다.

국내외 주식수익률의 상관성

국내외 주식수익률간 상관관계 분석에 의하면 한국 증시는 중국 증시보다는 미국 증시의 영향을 더 크게 받는 것으로 나타났다. 한국과 미국 및 중국지수 간 수익률의 상관 관계 즉, 양국 주가의 움직임 간의 상호의존도는 다음과 같다.

미국	1개월	0.51	3개월	0.47	6개월	0.47	12개월	0.43
중국	1개월	0.18	3개월	0.13	6개월	0.18	12개월	0.13

자료 : 지수는 코스피, 다우지수, 상하이 종합지수, 대신증권, 매일경제, 2007.7.31.

제5장

위험회피와 자산배분

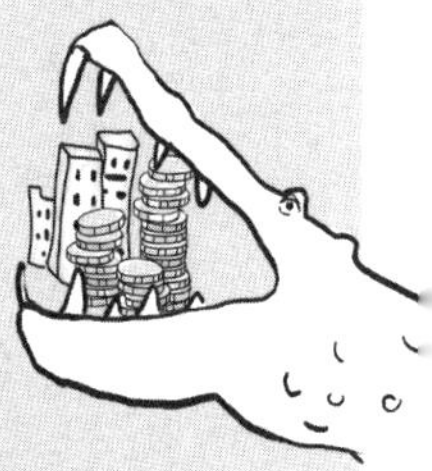

최종적인 전체 포트폴리오를 구성하는 과정은 먼저 위험자산만으로 구성하는 포트폴리오를 짜는 과정을 밟고 다음 안전자산과 위험자산으로 구성하는 포트폴리오를 배분하는 두 단계 과정을 밟는다. 최적 위험자산 포트폴리오의 구성은 리스크 대비 기대수익률에 대한 개인적인 선호가 중요한 작용을 한다.

이 장에서는 안전자산 포트폴리오와 위험자산 포트폴리오 간의 자본배분을 설명하는 포트폴리오 이론을 다룬다. 또한 위험자산의 배분 그리고 안전자산과 위험자산의 배분(capital allocation), 위험자산과 안전자산으로 구성된 전체 포트폴리오, 레버리지(leverage), 위험회피(risk tolerance)와 자산배분(asset allocation), 소극적 투자전략(passive strategies)과 자본시장선(capital market line)을 차례로 설명한다.

01 리스크와 리스크 회피

리스크에 대한 부담은 일반적으로 위험에 대한 보상이 따른다. 투기와 도박이 모두 위험부담을 안고 위험보상을 노리는 측면에서는 같지만 양자 사이에는 특이한 차이점이 존재한다.

투기와 도박의 차이

투기는 상당한 정도의 투자 위험을 감수하고 그에 상응하는 이익을 얻으려는 행위로 규정지을 수 있다. 투기 행위는 매우 높은 위험부담을 안는 대신 그에 상응한 높은 초과 기대수익률을 얻으려고 한다.

도박은 불확실한 결과에 내기를 거는 행위로 볼 수 있다. 도박이 투기와 다른 점은 투자 위험에 상응한 이익이 빠져 있다는 차이점이다. 도박은 합리적인 목적 없이 위험한 대박을 즐기는 행위이고 투기는 위험의 존재를 인식하고 유리한 위험과 수익률 간의 교환 관계를 고려하여 행동하는 것이다.

리스크 회피와 효용가치

리스크 회피적인 투자자는 위험에 대한 보상으로 일정한 수준의 기대수익률을 얻고자 한다. 이제 서로 다른 위험자산 포트폴리오 중에서 투자자가 선택하는 의사결정을 내려야 하는 경우를 살펴보자.

무위험자산의 수익률 수준은 5%에서 출발한다. 위험자산으로 구성된 포트폴리오는 3개이며 개별 포트폴리오는 다음 [표 5.1]과 같이 제각기 서로 다른 위험보상과 기대수익률 및 표준편차를 갖는다고 가정한다.

[표 5.1] 세 개의 위험자산 포트폴리오의 선택 문제

포트폴리오	위험보상	기대수익률	리스크(표준편차)
포트폴리오 (1)	2%	7%	5%
포트폴리오 (2)	4%	9%	10%
포트폴리오 (3)	8%	13%	20%

투자자는 위의 [표 5.1]에 나타낸 개별 포트폴리오의 기대수익률과 리스크를 바탕으로 각 포트폴리오에 대한 투자자의 효용수준을 매길 수 있다. 여기서 효용수준이란 주어진 수익률과 리스크의 조합에서 느끼는 투자자의 만족 수준을 의미한다. 따라서 표에 나타낸 대로 3개의 포트폴리오에서 느끼는 만족은 다음과 같이 주어지게 된다.

① 조합(7%, 5%)의 포트폴리오에서 느끼는 만족 수준
② 조합(9%, 10%)의 포트폴리오에서 느끼는 만족 수준
③ 조합(13%, 20%)의 포트폴리오에서 느끼는 만족 수준

이제 ① ② ③ 등과 같이 나타낸 효용수준에서 높은 기대수익률을 나타낸 포트폴리오에는 높은 효용을 매기고 높은 위험 즉 기대수익률의 높은 변동성에는 낮은 효용을 매긴다. 이 같은 평점에 기초하면 포트폴리오의 효용수준 U은 다음과 같은 함수로 나타낼 수 있다.

$$U = E(r) - \frac{1}{2} A\sigma^2 \tag{5.1}$$

여기서 효용함수 U는 효용가치를 수치로 나타낸 수준을 의미하며 A는 투자자의 리스크 회피 정도를 나타내는 지수로서 보통 $A = 3$과 $A = 4$ 사이에 놓여 있다. 계수 1/2은 효용수준의 척도를 조정하기 위한 수치에 불과한 변수다. 상기 함수에서 기대수익률 $E(r)$는 백분율로 표시한 것이 아니라 소수점으로 나타낸다.

상기 효용함수 U에서 보면 기대수익률 $E(r)$이 상승하면 효용수준 U도 증가하는 것을 볼 수 있다. 그러나 기대수익률의 변동성을 나타내는 분산 σ^2은 투자하는 자산의 위험으로서 그 리스크가 증대하면 효용수준은 감소하는 것을 볼 수 있다.

또한 상기 식에서 위험자산 포트폴리오의 분산 σ^2이 증대하면 효용수준이 감소하게 되는데 여기서 분산의 증가에 따라 효용수준이 감소하는 정도는 투자자의 리스크 회피도 (A) 즉 위험의 선호에 따라 크게 배가될 수 있다는 것을 볼 수 있다.

리스크 회피도 변화와 효용 수준

효용점수를 이용한 투자의 평가를 보기 위해 포트폴리오(1)를 통해 투자자의 리스크 회피도에 따라 어떻게 포트폴리오의 효용수준이 변화하는가를 [표 5.2]에 나타내고 있다. [표 5.2]를 보면 리스크 회피도가 A = 2, A = 3.5, A = 5.0 증가하면 전체 포트폴리오의 효용수준이 감소하는 것을 볼 수 있다.

[표 5.2] 리스크 회피도와 포트폴리오(1)의 경우

리스크 회피도	포트폴리오(1)의 효용수준
A = 2	$U = E(r) - \frac{1}{2} A\sigma^2$ $= 0.07 - \frac{1}{2}(2)\,0.05$ $= 0.0675$
A = 3.5	$U = E(r) - \frac{1}{2} A\sigma^2$ $= 0.07 - \frac{1}{2}(3.5)\,0.05$ $= 0.0656$
A = 5.0	$U = E(r) - \frac{1}{2} A\sigma^2$ $= 0.07 - \frac{1}{2}(5.0)\,0.05$ $= 0.0638$

앞서 본 경우는 리스크 회피적인 투자자를 상정한 경우다. 이 경우와 달리 리스크 중립적인 투자자는 전적으로 기대수익률에 의해서만 리스크가 있는 투자 대안을 고려한다. 한편 리스크를 선호하는 투자자는 A〈0 인 경우를 상정한 투자자로서 리스크의 재미를 고려해 기대수익률을 상향 조정한다.

효용함수와 무차별곡선

앞서 본 포트폴리오의 효용수준은 수평축에 리스크(표준편차)를 나타내고 수직 축에 기대수익률을 표시한 직각 좌표에서 기대수익률-표준편차 간의 정관계 곡선으로 나타낼 수 있다.

2차함수인 효용함수를 그림으로 나타낸 효용곡선은 우측으로 약간 볼록한 형태를 취한 우상향의 곡선으로 표현한다. 이와 같이 나타낸 곡선을 무차별곡선이라고 부른다.

[표 5.3]은 기대수익률과 표준편차의 여러 조합[$E(r)$, σ^2]점들 ① ② ③ ④를 연결한 무차별곡선은 동일한 효용수준 $U_0 = 0.02$ 을 나타낸 특정곡선을 나타낸다.

$$U = E(r) - (\frac{1}{2})A\sigma^2 = 0.02$$

[표 5.3] A = 4인 투자자의 경우, 여러 가능한 포트폴리오의 효용수준

E(r), σ^2의 조합점	기대수익률E(r)	표준편차 σ^2	효용수준 U_0
①	0.10	0.200	$0.10-\frac{1}{2}\times 4\times 0.04 = 0.02$
②	0.15	0.255	$0.15-\frac{1}{2}\times 4\times 0.065 = 0.02$
③	0.20	0.300	$0.20-\frac{1}{2}\times 4\times 0.09 = 0.02$
④	0.25	0.339	$0.25-\frac{1}{2}\times 4\times 0.115 = 0.02$

위의 표에서 나타난 특정 무차별곡선을 그림으로 나타내면 다음 [그림 5.1]과 같다.

[그림 5.1] 특정 무차별곡선 (효용수준 $U_0 = 0.02$)

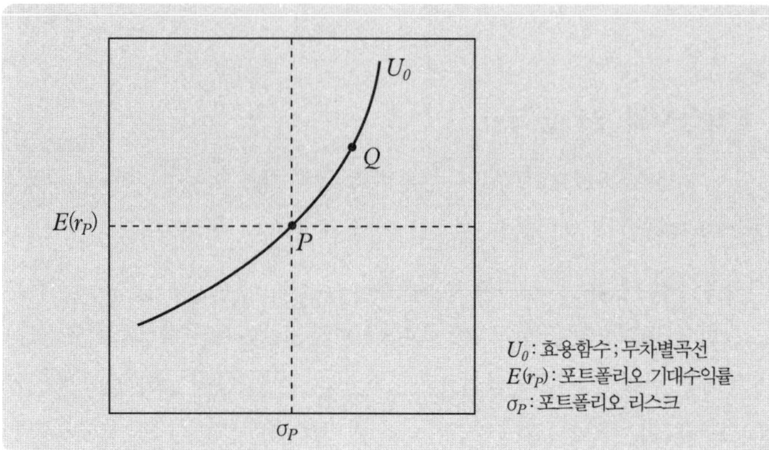

상기 [그림 5.1]에서 무차별곡선은 동일한 효용수준 U_0를 나타낸 여러 수익률과 리스크의 조합점인 ① $U_0 = 0.02[E(r) = 0.10,\ \sigma^2 = 0.200]$ ② $U_0 = 0.02[E(r) = 0.15,\ \sigma^2 = 0.255]$ ③ $U_0 = 0.02[E(r) = 0.20,\ \sigma^2 = 0.300]$ ④ $U_0 = 0.02[E(r) = 0.25,\ \sigma^2 = 0.339]$ 등을 연결한 선이다.

주어진 특정 무차별곡선상에서는 투자자가 어느 점을 선택하건 투자자에게 동일한 효용수준 U_0을 제공한다. 다시 말해서 무차별곡선 상의 P점에서 나타난 점 즉 기대수익률과 리스크의 조합 점 P에서 느끼는 만족도(효용수준 U_0)와 Q점에서 나타난 기대수익률과 리스크의 조합에서 느끼는 만족도(효용수준 U_0)는 동일한 만족(U_0)을 나타내는 점들이다. 이와 같이 동일한 만족을 표시한 조합 점들을 연결한 곡선이 무차별곡선이다.

주어진 특정 무차별곡선은 밑에서 위로 갈수록 가파른 기울기를 가진

곡선의 모습으로 나타난다. 이 같은 형태의 곡선은 단위 당 위험이 증가해 갈 때 한 단위 위험 증가에 상응한 기대수익률이 더 크게 추가 증가해야 무차별곡선 상에서 동일한 효용수준을 유지할 수 있다는 것을 의미한다.

02 위험자산 포트폴리오와 안전자산 포트폴리오의 배분

위험자산(리스크) 포트폴리오는 P로, 안전자산 포트폴리오는 F로 표시한다. 리스크 포트폴리오는 주식으로 구성하고 안전자산 포트폴리오는 예금이나 국채로 구성한다. 전체 포트폴리오는 주식과 채권으로 구성한 포트폴리오에서 출발한다. 여기서는 리스크 포트폴리오의 구성은 주어진 것으로 하고 리스크 포트폴리오와 안전자산 포트폴리오의 배분에만 집중하기로 한다.

자산을 리스크 포트폴리오에서 안전자산 포트폴리오로 배분할 때, 리스크 포트폴리오의 자산 구성비는 바꾸지 않는 채 전체 포트폴리오 중에서 리스크 포트폴리오의 비중만을 낮춘다고 하자.

예를 들면 전 투자자산의 가치는 300,000천원(3억원)으로 주어져 있다고 가정한다. 이 중 90,000천원(9천만 원)은 안전자산 포트폴리오에 투자하고 나머지 210,000천원(2억1천만 원)은 리스크 자산 포트폴리오에 배분한다고 가정하면 다음과 같이 나타낼 수 있다.

자산배분	시장가치	구성비중
안전 자산	90,000천원	0.30(30%)
위험 자산	210,000천원	0.70(70%)
전체 자산	300,000천원	0.100(100%)

위에서 위험자산의 구성비는 다음과 같다고 출발한다.

위험자산 포트폴리오	210,000천원	0.100(100%)
주식	113,400천원	0.46(46%)
채권	96,600천원	0.54(54%)

위험자산 포트폴리오에서 주식 및 채권이 배분된 구성 비중은 다음과 같다.

- 주식의 편입 비중
  W_E = 113,400천원 / 210,000천원 = 0.54(54%)

- 채권의 편입 비중
  W_B = 96,600천원 / 210,000천원 = 0.46(46%)

전체 포트폴리오(complete portfolio)에서 위험자산 포트폴리오에 배분된 비중은 다음과 같다.

- 위험자산의 편입 비중
  y = 210,000천원 / 300,000천원 = 0.70(70%)

- 안전자산의 편입 비중
  $1-y$ = 90,000천원 / 300,000천원 = 0.30(30%)

이 경우 전체 포트폴리오 중에서 주식 및 채권에 배분된 자산 비중은 다음과 같이 계산된다.

주식	113,400천원 / 300,000천원 = 0.378(37.8%)
채권	96,600천원 / 300,000천원 = 0.322(32.2%)
위험자산 포트폴리오	210,000천원 / 300,000천원 = 0.700(70%)

이제 전체 포트폴리오 중에서 차지하는 위험자산 포트폴리오의 구성비를 0.70에서 0.56으로 줄일 경우, 위험자산 포트폴리오는 210,000천원에서 168,000천원으로 줄어들게 된다 : 0.56×300,000천원 = 168,000천원.

초기 위험자산 포트폴리오에서 새로운 위험자산 포트폴리오를 줄이기 위해서는 42,000천원을 매각하고 안전자산을 추가 매입해야 한다 : 10,000천원 − 168,000천원 = 42,000천원(주식 매각 대신 채권 매입 편입).

전체 포트폴리오에서 새 위험자산 포트폴리오가 차지하는 구성비는 다음과 같이 산출된다 : 168,000 / 300,000 = 0.56(56%).

새 위험자산 포트폴리오 구성비는 초기 위험자산 포트폴리오 구성비 0.70에서 0.56으로 줄어들면서 새 안전자산 포트폴리오는 다음과 같이 불어난다 : 300,000(1 −0.56) = 132,000천원.

새 안전자산 포트폴리오는 초기 안전자산 포트폴리오에 추가 증가한 안전자산 포트폴리오를 합산한다 : 90,000 + 42,000 = 132,000천원.

여기서 주목할 점은 위험자산 포트폴리오에서 주식비중 0.54와 채권 비중 0.46이 변동하지 않는 상태에서 위험자산을 매각한 점이다. 즉 위험자산 42,000천원에서 주식은 0.54×42,000 = 22,680천원을 매각하고, 채권은 0.46×42,000 = 19,320천원을 매입한 것이다. 매각 후에도 위험자산 포트폴리오의 자산 구성비는 변동하지 않았다는 것을 다음과 같은 식에서도 확인할 수 있다.

주식 W_E = (113,400천원−22,680천원)/(210,000천원−42,000천원) = 0.54

채권 W_B = (96,600천원−19,320천원)/(210,000천원−42,000천원) = 0.46

앞에서 본 주식과 채권은 리스크 자산이다. 그러나 정부가 발행하는 국채는 안전자산으로서 채무상환 불이행 위험이 없고 일부 국채는 물가 등귀에도 방어 장치가 마련된 물가지수연동채권이 있다.

미국의 재무성증권은 대표적인 안전자산이다. 한국의 국고채와 통화안정증권, 예금증서 등은 물가지수에 연동되지 않는 채권이지만 대표적인 안전자산으로 들 수 있다.

03 하나의 위험자산과 안전자산으로 구성된 포트폴리오

이제 위험자산 포트폴리오의 구성에 대해 투자자의 의사결정이 섰다면 남은 관심은 투자예산 중에서 위험자산 포트폴리오 P의 배분과 안전자산 포트폴리오 F의 배분에 관한 문제에 집중된다.

위험자산 포트폴리오 P의 기대수익률과 표준편차를 각각 $E(r_p)$ = 15% σ_p = 22% 이고 안전자산 F의 수익률을 r_f = 7%로 주어져 있다고 하자. 위험자산 포트폴리오의 투자비율이 y이고 안전자산의 투자비율이 $1-y$일 때 위험자산포트폴리오와 안전자산으로 구성한 전체 포트폴리오의 기대수익률은 다음과 같이 나타낼 수 있다.

$$r_c = y\,r_p + (1-y)\,r_f \tag{5-2}$$

식 (5-2)에서 수익률들은 모두 확정 수익률로 나타낸 것이므로 확률적인 수익률로 나타내기 위해 상기 식을 기대(E) 조작(E-Operator)한다. 조작 대상 변수 가운데 편입비율은 제외되고 수익률만 기대변수로 바꾼다. 조작 후 전체 포트폴리오의 기대수익률 $E(r_c)$은 다음과 같이 전환된다.

$$
\begin{aligned}
E(r_c) &= y\,E(r_p) + (1-y)\,r_f \\
&= r_f + y\,[E(r_p) - r_f]
\end{aligned}
\tag{5-3)a}
$$

전체 포트폴리오의 기대수익률
= 안전자산 수익률 r_f + 위험자산 포트폴리오 비중 $y\times$
전체 포트폴리오의 초과 기대수익률$[E(r_p)-r_f]$

위험자산 포트폴리오의 초과수익률은 위험자산 포트폴리오의 기대수익률에서 안전자산의 수익률을 뺀 것이므로 $E(r_p) - r_f = 15\% - 7\% = 8\%$가 된다. 여기서 위험자산 포트폴리오의 초과수익률은 위험자산의 위험 보상(리스크 프리미엄)이다.

상기 식에서 r_f, y 등은 모두 실현된 변수이므로 기대 조작 과정에서 조작 전과 같은 변수와 동일한 변수로 나타난다. 상기 식(5–2)에 주어진 수치 $E(r_p) - r_f = 15\% - 7\% = 8\%$ 과 $r_f = 7\%$를 대입하면 전체 포트폴리오의 기대수익률은 다음과 같다.

$$
\begin{aligned}
E(r_c) &= r_f + y\,[E(r_p) - r_f] \\
&= 7 + y\,[15 - 7]
\end{aligned}
\tag{5-3)b}
$$

전체 포트폴리오의 기대수익률
= 안전자산의 수익률 + 위험자산 포트폴리오 구성 비중
× 위험에 대한 보상(초과수익률)

식 (5–3)b에서 전체 포트폴리오의 기대수익률은 안전자산수익률(기본수익률)에 위험에 대한 보상(초과수익률)을 합산한 것이다. 위험 보상(초과수익률)은 위험자산 포트폴리오 구성비중이 높아갈수록 더 크게 증가한다. 다시 말해서 위험자산 포트폴리오의 비중이 증가해 갈수록 위험에 대한 추가보상이 증가한다.

리스크 회피적인 투자자는 위험자산의 추가 편입으로 늘어난 포트폴리오에서 기본수익률에 추가 위험 보상을 기대한다. 양(+)의 위험보상이 없으면 리스크 회피적인 투자자는 더 이상 위험을 부담하려고 하지 않는다.

전체 포트폴리오의 표준편차(위험)는 위험자산 포트폴리오의 표준편차에 전체 포트폴리오에서 차지하는 위험자산 포트폴리오 비중을 곱한 것이 된다. 위험자산 포트폴리오의 표준편차는 $\sigma_p = 22\%$이므로 다음 식이 성립한다.

$$\sigma_c = y\,\sigma_p = y\ 22\% \qquad (5\text{-}4)$$

전체 포트폴리오의 표준편차 = 위험자산 포트폴리오 비중
× 위험자산 포트폴리오의 리스크

y의 비중이 변동한 경우

상기 식에서 볼 수 있는 바와 같이 전체 포트폴리오의 표준편차(위험)도 역시 위험자산 포트폴리오 비중이 커지면 증가해 가는 것을 볼 수 있다. 전체 포트폴리오의 위험은 위험자산 포트폴리오의 표준편차가 주어진 경우 위험자산 포트폴리오 비중 y에 비례적으로 증가해 간다.

y의 비중이 일정한 경우

만약 위험자산 포트폴리오 비중 y이 주어졌을 경우, 위험자산 포트폴리오의 표준편차가 커지면 전체 포트폴리오의 리스크가 비례적으로 증가해 간다.

자본배분선

다음은 위험자산과 안전자산으로 구성된 전체 포트폴리오의 특성을 보

기 위해 앞에서 주어진 $E(r_p) = 15\%$, $\sigma_p = 22\%$, $r_f = 7\%$를 가지고 기대수익률과 표준편차를 각각 수직축과 수평축에 나타낸 [그림 5.4]로 나타내보자.

[그림 5.4] 위험자산과 안전자산으로 구성되는 투자기회 집합

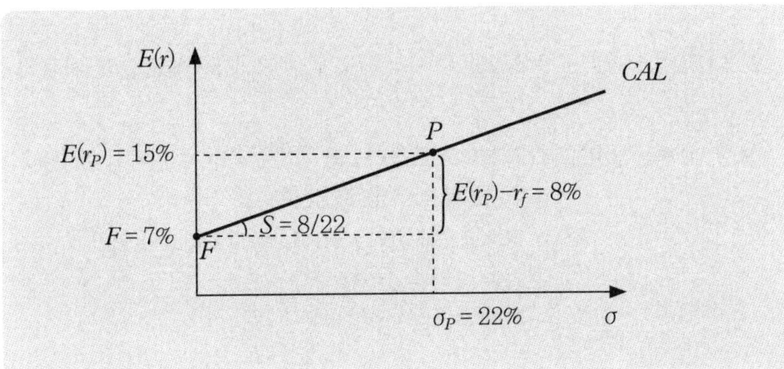

안전자산의 위험은 제로(0)이기 때문에 안전자산의 수익률 $r_f = 7\%$는 수직축에 표시한다. 다음은 전체 포트폴리오의 표준편차 $\sigma_p = 22\%$에 상응한 전체 포트폴리오의 기대수익률 $E(r_p) = 15\%$를 표시한 점(P점)과 안전자산 수익률 지점(F점 : $r_f = 7\%$)을 연결하는 직선을 그은 선은 바로 자본배분선이 된다.

$$
\begin{aligned}
E(r_c) &= r_f + y\ [E(r_p) - r_f] \\
&= r_f + (\sigma_c/\sigma_p)[E(r_p) - r_f] \\
&= r_f + \{[E(r_p) - r_f]/\sigma_p\}\ \sigma_c \\
&= 7 + (8/22)\sigma_c
\end{aligned}
\tag{5.5}
$$

전체 포트폴리오의 기대수익률 = 안전자산수익률 + (초과수익률/ 위험자산수익률 변동성) 전체 포트폴리오의 표준편차

여기서 $[E(r_p) - r_f\ ] = 15 - 7 = 8\%$, $\sigma_p = 22\%$이다.

식 (5.5)는 [그림 5.4]에 나타나 있다. 자본배분선의 기울기는 $S = 8/22$이고 리스크 프리미엄 $E(r_p) - r_f = 8\%$ 이다. 자본배분선의 기울기 $S = 8/22$은 전체 포트폴리오의 위험에 대한 추가 보상 비율을 의미한다. 전체 포트폴리오의 위험에 대한 추가 보상이 크면 클수록 기울기는 커진다.

$$S = [E(r_p) - r_f] \ / \ \sigma_p = 8/22 \qquad \text{자본배분선의 기울기}$$

보상 대 변동성 비율 = [리스크 포트폴리오의 기대수익률−안전자산수익률]/리스크 포트폴리오의 표준편차
= 리스크 프리미엄 / 리스크 포트폴리오의 위험
= 초과 수익률 / 위험
= 위험에 대한 보상(초과 수익률)

샤프비율

위험보상 대비 변동성 비율은 샤프비율이라고도 부른다. 식 $E(r_c) = 7 + y \, 8$ 과 식 $\sigma_c = y \, 22\%$에서 볼 수 있는 바와 같이 만약 투자자가 전부 위험자산에 투자하면 위험자산 포트폴리오 비중은 $y = 1.0$이 되고 그 지점에 해당하는 포트폴리오 $P[E(r_c) = 15\%, \sigma_c = 22\%]$가 전체 포트폴리오가 된다. 반대로 선택한 포지션이 $y = 0$을 선택하면 $1-y = 1.0$이므로 전체 포트폴리오는 안전자산만으로 구성된 포트폴리오 $F[E(r_c) = 7, \sigma_c = 0]$가 된다.

- 포트폴리오 P의 경우 (P점) : $y = 1.0$, $E(r_c) = 15\%$, $\sigma_c = 22\%$
- 포트폴리오 F의 경우 (F점) : $y = 0$, $E(r_c) = 7$, $\sigma_c = 0$

P점과 F점을 연결한 자본배분선의 기울기를 유도하기 위해 (5−3)b 식 $E(r_c) = r_f + y \, [E(r_p) - r_f]$에 식(5−4) $\sigma_c = y \, \sigma_p$ $(y = \sigma_c / \sigma_p)$을 대입시켜 보면 다음과 같은 식이 나온다.

$$E(r_c) = r_f + y\ [E(r_p) - r_f]$$
$$= r_f + [\sigma_c / \sigma_p]\ [E(r_p) - r_f]$$
$$= r_f + [1/\sigma_p]\ [E(r_p) - r_f]\ \sigma_c$$

상기 식에서 자본배분선의 기울기는 다음과 같다.

$$\Delta E(r_c)\ /\ \Delta\sigma_c = [1/\sigma_p]\ [E(r_p) - r_f]$$

자본배분선의 기울기 = 리스크 프리미엄 / 위험자산 포트폴리오리스크
= 위험 한 단위 당 위험보상

상기 식에서 볼 수 있는 바와 같이 자본배분선의 기울기는 추가수익률 대비 추가 위험으로 나눈 것임을 알 수 있다.

예제

5.1 레버리지

투자자는 자기자금 30백만 원에 차입금 12백만 원을 추가해 전체 투자예산 4천2백만 원을 모두 위험자산에 투자한다고 출발한다. 전체 투자자금을 위험자산에 투자할 경우, 위험자산에 대한 레버리지(leverage) 포지션으로 나타내면 위험자산 포트폴리오 비중은 y = 1.4가 된다.

자기자금 + 차입자금 = 위험자산 포트폴리오 투자 자금 사용
= 위험자산에 대한 레버리지 포지션

y = 30백만 원 + 12백만 원 = 42백만 원

위험자산 포트폴리오 투자자금 비중

y = 42백만 원 / 30백만 원 = 1.4

안전자산에 대한 공매 포지션(short position : 차입 포지션)은 다음과 같다.

$$1-y = 1-1.4 = -0.4$$

위에서 차입 포지션은 안전자산에 대한 공매 포지션을 반영한다. 여기서 7% 이자율로 차입하면 전체 위험자산 포트폴리오의 기대수익률과 표준편차는 다음과 같다.

7% 이자율로 차입한 경우, 전체 위험자산 포트폴리오의 기대수익률 :
$E(r_c) = r_f + y\,[E(r_p)-r_f] = 7\% + 1.4\,[8\%] = 18.2\%$

7% 이자율로 차입한 경우, 전체 위험자산 포트폴리오의 표준편차 :
$\sigma_c = y\,\sigma_p = y\,22\% = 1.4 \times 22\% = 30.8\%$

위에서 볼 수 있는 바와 같이 레버리지가 있는 전체 포트폴리오의 표준편차(위험)는 레버리지가 없는 포트폴리오의 표준편차(위험)에 비해 크다는 것을 확인할 수 있다.

7% 이자율로 차입한 경우 $y \le 1$: 변동성 대비 보상 비율
$S = [E(r_c) - r_f] / \sigma_c = (18.2-7) / 30.8 = 0.36$

일반적으로 투자자가 차입하는 금리는 안전자산 수익률 7% 수준에서 차입하는 것이 아니라 그보다 더 높은 금리수준에서 차입하는 것이 일반적이다. 차입금리가 안전자산 수익률 r_f 보다 더 높은 $r_f^B = 9\%$에서 빌린다면 변동성 대비 보상 비율은 다음과 같이 더 작아진다.

9% 에서 차입한 경우 $(y > 1)$ 변동성 대비 보상 비율 :
$S = [E(r_p) - r_f^B] / \sigma_p = [15 - 9] / 22 = 6 / 22 = 0.27$

상기 식에서 보여준 대로 안전자산 수익률 7%보다 더 높은 금리로 차입하면 자본배분선은 P점에서 우측으로 더 꺾인 직선으로 나타난다. P점의 좌측은 차입금리가 7%수준에 나타난 직선이고 P점의 우측은 차입금리 9% 수준에서 나타낸 직선이다(그림 5.5 참조).

[그림 5.5] 차입금리와 대출금리가 다른 경우의 투자기회 집합

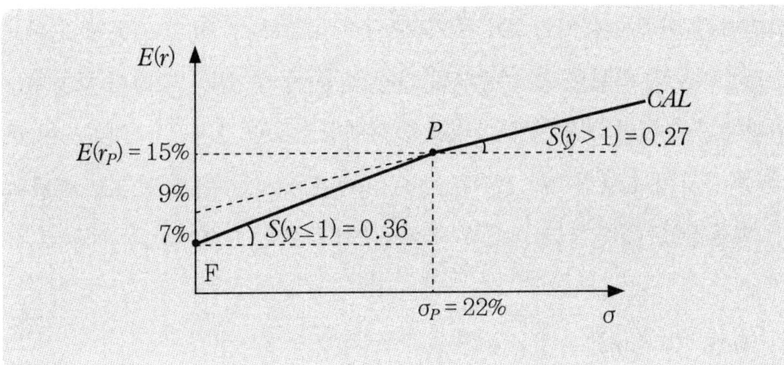

04 리스크 감내도와 자산배분

동일한 안전자산 수익률과 동일한 보상 대비 변동성 비율 내에서도 투자자의 리스크 회피 정도에 따라 리스크 자산 보유 정도가 달라진다.

투자자의 리스크 회피가 강하면 강할수록 리스크 자산편입 비중이 줄어들고 안전자산의 비중이 늘어난다. 다시 말해서 보수적인 투자자일수록 위험자산을 피하고 안전자산의 투자비중을 높인다.

안전자산 수익률 r_f, 위험자산 포트폴리오의 기대수익률$E(r_p)$과 표준편차 σ_p일 때 어떠한 위험자산 포트폴리오 비중 y에 대해서도 전체 포트폴리오의 기대수익률은 다음 식에 의해 결정된다.

$$E(r_c) = r_f + y\ [E(r_p) - r_f]$$

그리고 전체 포트폴리오의 분산은 다음과 같다.

$$\sigma_c^{\ 2} = y^2 \sigma_p^{\ 2}$$

상기 두 식에서 알 수 있는 바와 같이 전체 포트폴리오의 기대수익률은 위험자산 비중 y가 커질수록 증가하는 것으로 볼 수 있으며 동시에 전체 포트폴리오의 위험도 함께 증가해 가는 것을 볼 수 있다. 따라서 투자자는 위험자산에 대한 적정한 투자비중을 선택함으로써 효용을 극대화해야 한다. 투자자의 효용함수는 $U = E(r_c) - (\frac{1}{2})\ A\ \sigma_c^{\ 2}$로 주어져 있다고 출발하면 효용을 극대화하는 식은 다음과 같이 표현할 수 있다.

$$\begin{aligned} Max\ U &= E(r_c)\ -\ \frac{1}{2} A\ \sigma_c^2 \\ &= r_f + y\ [E(r_p) - r_f]\ -\ \frac{1}{2}\ A\ y^2 \sigma_p^2 \end{aligned}$$

상기 식에서 효용의 극대화는 위 식의 도함수를 0으로 놓고 풀면 리스크자산에 대한 최적 투자비율(y^*)은 다음과 같이 구할 수 있다.

$$y^* = [E(r_p) - r_f]\ /\ A\ \sigma_p^2 \qquad \text{(5.6)}$$

상기 식에서 최적 투자비율(y^*)은 리스크 σ_p^2와 리스크 회피도 A에 반비례하고 리스크 프리미엄 $[E(r_p) - r_f]$에 정비례한다.

예제

5.2 자산배분

앞의 예에서 본 바와 같이 $A = 4, E(r_p) = 15\%, r_f = 7\%, \sigma_p = 22\%$일 때 최적 투자비율은 식 5.6에 의해 다음과 같이 계산된다.

$$y^* = [E(r_p) - r_f] / A\,\sigma_p^2$$
$$= [0.15 - 0.7] / 4\,(0.22)^2$$
$$= 0.41(41\%)$$

투자자는 투자자금의 41%를 위험자산에 투자하고 안전자산에 59%를 투자했을 때 효용 극대화를 실현한다. 최대 효용에 도달한 전체 포트폴리오의 기대수익률과 표준편차는 다음과 같다.

$$E(r_c) = r_f + y^*[E(r_p) - r_f] = 7 + 0.41[15 - 7] = 10.28\%$$
$$\sigma_c = y^*\,\sigma_p = 0.41(22) = 9.02\%$$

최적 투자배분으로 구성했을 때 보상 대비 변동성 비율은 다음과 같다.

$$S = [E(r_p) - r_f] / \sigma_c = [10.28 - 7] / 9.02 = 3.28 / 9.02 = 0.36$$

지금까지 최대 효용을 만족시키는 최적 투자배분 문제를 수리적인 설명을 통해 살펴보았다. 최대 효용을 만족시키는 최적 투자배분 문제는 무차별 곡선과 자본배분선을 그래프에 나타낸 그림을 통해서도 설명할 수 있다.

투자자는 가능한 가장 높은 무차별곡선에서 전체 포트폴리오를 찾으려고 하므로 가능한 가장 높은 무차별곡선과 자본배분선이 접하는 점(tangency point)에서 최적 포트폴리오(optimal complete portfolio)는 성립한다. [그림 5.6]은 네 개의 무차별곡선과 자본배분선이 서로 접하는 접점

C에서 최적 포트폴리오가 성립하는 것을 보여주고 있다.

[그림 5.6] 무차별 곡선을 이용한 최적 포트폴리오 찾기

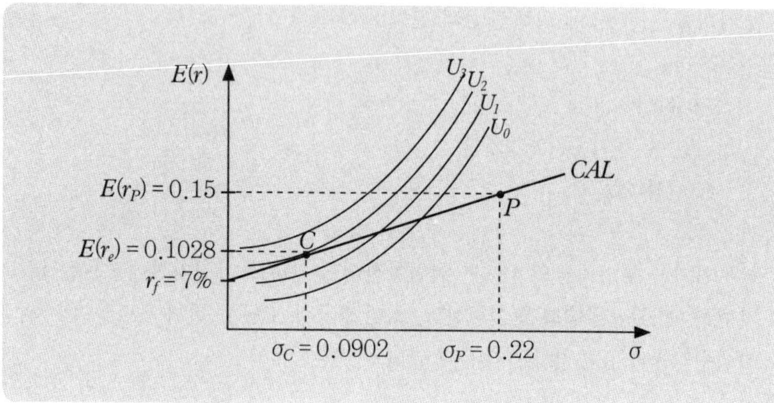

05 소극적 투자 : 자본시장선

소극적 투자란 증권시장지수를 복제한 주식펀드에 투자하는 방식을 말한다. 이러한 투자방식을 나타내는 자본배분선을 자본시장선(capital market line)이라고 부른다.

미국의 역사적 자료(1926–2005년간 데이터)를 통해 보면 소극적으로 투자한 위험자산 포트폴리오의 리스크 프리미엄은 평균 8.4%($0.084 = E(r_p) - r_f$)로 나타나고 보상 대비 변동성 비율은 0.41($0.41 = S = [E(r_c) - r_f]/\sigma_c$)로 나타났다. 또한 미국의 투자자들은 순자산(net worth)의 약 76%($y^* = 0.76$)를 리스크 자산에 투자한 것으로 나타났다.

리스크 회피 정도에 따라 투자예산을 배분한다고 할 때 과거 미국 자료를 이용하여 소극적 투자자의 위험자산의 투자비중과 리스크 회피정도를 추정하면 다음과 같다.

$$y^* = [E(r_p) - r_f] \ / \ A\ \sigma_p^2 = 0.084 \ / \ A \times 0.205^2 = 0.76$$
$$A = 0.084 \ / \ (0.76)\ 0.205^2 = 2.6$$

상기 식에서 보여 주는 바와 같이 미국의 경우, 대표적인 소극적 투자자의 리스크 회피정도는 $A = 2.6$의 수준으로 나타났다. 이 수치를 근거로 할 때 일반적으로 투자자의 리스크 회피계수는 2.0에서 4.0사이에 있는 것으로 상정할 수 있다.

제6장

최적 리스크 포트폴리오

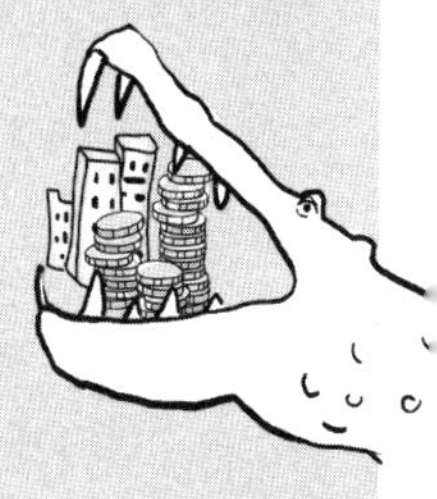

투자자가 어떻게 하면 자산배분을 최적상태로 구성할 것인가 하는 최적 포트폴리오의 자산배분은 투자자의 리스크 기피 정도와 리스크 자산 포트폴리오의 위험과 수익률 간의 교환 관계에 의존한다.

최적 포트폴리오 구성은 먼저 포트폴리오의 개략적인 윤곽을 설정한 후 자산 배분을 구성하고 그 다음으로 특정 증권에 관한 세세한 내용은 증권 선택 과정을 통해 이루어진다.

본 장에서는 먼저 분산투자의 효과를 설명하고 하나의 위험자산과 하나의 안전자산으로 구성한 전체 포트폴리오의 최적 구성에 대한 자산배분 과정을 설명해 보기로 한다.

01 분산투자와 포트폴리오 리스크

포트폴리오의 위험에서 보면 하나의 주식으로 구성된 포트폴리오의 위험은 두 개 주식 이상으로 구성된 포트폴리오보다 크게 나타나는 것이 일반적인 현상이다. 이 같은 현상이 나타나는 것은 포트폴리오를 구성하는 주식 수가 늘어날수록 포트폴리오에 편입된 해당 주식의 고유한 리스크끼리 서로 상쇄하는 작용을 통해 포트폴리오의 수익률 변동성(volatility)이 줄어들 수 있기 때문이다.

전체 위험자산 포트폴리오의 리스크는 편입되는 증권 종목 수가 10개 정도로 늘어날 때 가장 현저하게 감소하는 것으로 밝혀졌다. 그러나 편입 종목 수가 10개 이상 늘어나면 전체 포트폴리오의 위험은 점진적으로 완만하게 감소하는 현상이 나타난다.

[그림 6.1] 포트폴리오에 포함된 주식수의 함수로 나타낸 포트폴리오 리스크

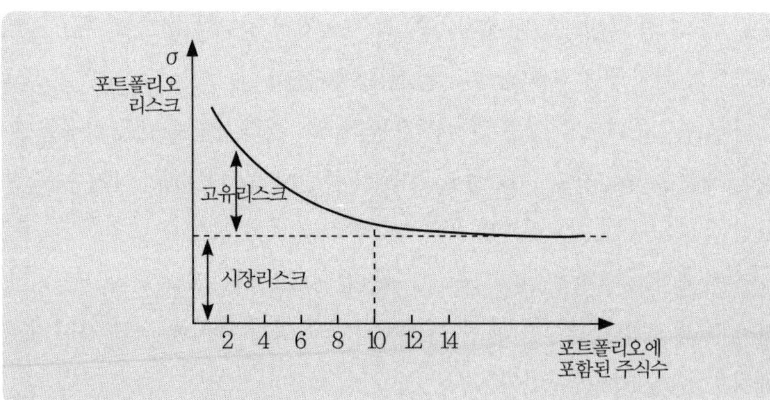

편입종목 수가 50개 이상 늘어나면 분산효과가 거의 일정한 수준에 있는 것으로 밝혀졌다. 다시 말해서 전체 위험자산 포트폴리오에 편입되는 증권 종목 수를 무한정으로 늘려도 전체 포트폴리오의 리스크는 눈에 띄게 줄어들지 않는다는 것이다.

이와 같이 편입 종목 수가 무한정 많이 늘어나더라도 포트폴리오의 위험이 감소하지 않고 남은 리스크가 존재한다. 다시 말해서 아무리 많은 종류의 주식 종목 수를 포트폴리오에 편입시켜도 전체 포트폴리오의 리스크를 완전히 제거할 수 없는 위험이 존재한다는 것이다.

여기서 알 수 있는 바와 같이 여러 주식 종목으로 분산 투자하는 포트폴리오 구성에서 포트폴리오의 위험을 줄일 수 있는 위험과 줄일 수 없는 위험을 나눌 수 있다는 것을 알 수 있다.

모든 개개 주가는 해당 기업의 고유 요인에 영향을 받을 뿐만 아니라 환율, 금리, 유동성, 경기 동향 등 거시경제적인 변수의 변화에도 영향을 받는다. 다시 말해서 특정 주식의 주가 변동에 따른 주식 수익률은 해당 기업의 고유한 특수 요인에 의해 변화를 일으킬 뿐만 아니라 환율, 금리, 유동성, 경기 동향 등 거시경제적인 변수의 변화에도 직접간접으로 영향을 받아 변동한다는 것이다.

예를 들어 보자. 경기가 몹시 침체 상태에 빠지게 되면 모든 주가는 공통적으로 영향을 받게 된다. 특히 최악의 불황 경제에서는 아무리 다양한 주식을 포트폴리오에 편입하더라도 경기침체에 따른 주가의 폭락은 피할 수 없다. 다시 말해서 편입된 주식 종목 모두가 한결같이 모두 떨어지는 경우, 전체 포트폴리오의 리스크는 피해갈 수 없으며 결국 포트폴리오는 심각한 마이너스 수익률로 나타날 것이다.

다시 말해서 경제가 정상적으로 돌아가는 경우, 분산투자를 통해 개별 기업 고유의 리스크 간 서로 상쇄되는 분산투자 효과를 가져오므로 전체 포트폴리오의 리스크를 줄일 수 있지만 거시경제적인 요인은 공통적으로 영향을 미치는 시장 요인이기 때문에 포트폴리오의 위험이 완전히 소멸되지 않는다는 것이다.

지금까지 설명한 바와 같이 분산투자를 통해 전체 포트폴리오의 위험이 줄어들지 않는 위험을 시장위험(market risk) 또는 체계적 위험(systematic risk) 또는 분산 불능 위험(nondiversible risk)이라고 부른다. 반면 분산투자에 의해 제거되는 위험을 기업고유 위험(firm-specific risk) 또는 비체계적 위험 또는 분산가능 위험이라고 부른다.

포트폴리오는 전체 자산을 구성하는 편입 종목 수가 증가할수록 비체계적 위험이 제거될 수 있다. 다음은 체계적 위험만 남게 되는 과정을 보기 위해 두 개의 주식 즉 두 종목의 위험자산으로 구성된 포트폴리오를 통해 분산투자의 효과를 가져오는 최적 포트폴리오 구성을 설명해 보기로 한다.

02 두 개의 위험자산으로 구성된 포트폴리오의 수익률과 위험

두 개의 위험자산으로 구성된 포트폴리오의 수익률 r_p는 다음과 같이 계산한다.

$$r_p = W_D r_D + W_E r_E \tag{6.1}$$

상기 식(6.1)은 과거에 이미 실현된 수익률로 표현된 것이다. 이것을 앞으로 실현될 수 있는 확률적인 기대수익률로 바꾸기 위해 식(6.1)에 기대조작(Expectation-Operator)을 적용하면 위험자산 포트폴리오의 기대수익률 $E(r_P)$은 다음과 같은 식(6.2)으로 표현된다.

$$E(r_P) = W_D E(r_D) + W_E E(r_E) \tag{6.2}$$

두 개의 위험자산으로 구성된 포트폴리오의 분산 σ_P^2은 다음과 같은 식으로 나타낸다.

$$\sigma_P^2 = W_D^2 \sigma_D^2 + W_E^2 \sigma_E^2 + 2W_D W_E \, Cov(r_D, \, r_E) \tag{6.3}$$

여기서 공분산 $Cov(r_D, r_E)$은 두 변수의 분산 σ_D^2와 σ_E^2을 통해 계산할 수 있다.

$$Cov(r_D, \, r_E) = \Sigma Pr(\text{시나리오})[r_D - E(r_D)][r_E - E(r_E)] \tag{6.4}$$

식(6.3)의 포트폴리오의 분산 σ_P^2은 다음과 같이 다른 공식을 통해서도 계산할 수 있다.

$$\sigma_P^2 = W_D^2 \, Cov(r_D, \, r_D) + W_E^2 \, Cov(r_E \, , \, r_E) + 2W_D W_E \, Cov(r_D, \, r_E) \tag{6.5}$$

상기 식(6.5)에서 볼 수 있는 바와 같이 위험자산으로 구성된 포트폴리오의 분산 σ_P^2 은 공분산 $Cov(r_D, r_E)$이 크면 클수록 커지는 것을 볼 수 있다. 식(6.5)는 다음과 같은 공분산의 계산식을 이용할 수 있다.

$$Cov(r_D, \, r_E) = \rho_{DE} \sigma_D \sigma_E \tag{6.6}$$

여기서 공분산은 상관계수 ρ_{DE} 와 두 개의 개별자산의 표준편차 σ_D, σ_E 에 의존한다는 것을 알 수 있다. 공분산은 상관계수와 두 개의 개별자산의 표준편차가 크면 클수록 증가하는 것을 볼 수 있다.

공분산의 계산식(6.6)을 이용하여 식(6.4)은 다음과 같이 다른 식(6.7)으로 나타낼 수 있다. 따라서 식 (6.6)을 식(6.5)에 대입하면 포트폴리오의 분산 σ_P^2 에 대한 식 (6.5)는 다음과 같이 바꾸어 쓸 수 있다.

$$\sigma_P^2 = W_D^2 \sigma_D^2 + W_E^2 \sigma_E^2 + 2W_D W_E \, \rho_{DE} \sigma_D \sigma_E \tag{6.7}$$

상기 식(6.7)에서 볼 수 있는 바와 같이 위험자산으로 구성된 포트폴리오의 분산 $\sigma_P{}^2$은 상관계수와 두 개의 표준편차가 크면 클수록 커지는 것을 볼 수 있다.

포트폴리오의 리스크는 공분산이 크면 클수록 커진다. 또한 두 개의 위험자산 수익률이 높은 상관계수를 가진 가운데 두 자산의 수익률 변동성이 크면 클수록 포트폴리오의 리스크는 더욱 크게 증가한다.

상관계수 $\rho_{DE}=1$의 경우, 포트폴리오의 리스크 $\sigma_P{}^2$

상기 식 (6.7)과 식 (6.6)에서 상관계수가 완전 상관계수 즉 $\rho_{DE}=1$로 가정하면 포트폴리오의 리스크는 다음의 식(6.8)이 보여주고 있는 바와 같이 다음과 같은 값을 갖게 된다는 것을 알 수 있다.

$$\begin{aligned}\sigma_P{}^2 &= W_D{}^2\sigma_D{}^2 + W_E{}^2\sigma_E{}^2 + 2W_D W_E(+1)\sigma_D\sigma_E \\ &= (W_D\sigma_D + W_E\sigma_E)^2\end{aligned} \qquad (6.8)$$

또는

$$\sigma_P = W_D\sigma_D + W_E\sigma_E \qquad (6.9)$$

두 개별증권의 수익률이 동일 방향으로 움직이는 경우 다시 말해서 두 개별증권의 수익률이 플러스(+)의 완전 상관관계에 있게 되면 포트폴리오의 표준편차는 개별증권의 표준편차의 가중평균과 같다. 만약 두 주식의 주가 움직임이 같은 방향으로 변동한다면 포트폴리오의 리스크는 두 증권의 수익률 변동성을 가중 평균한 값과 같다는 것을 의미한다.

이와 반대로 두 증권의 수익률이 완전한 양(+)의 상관관계에 있지 않는다면 포트폴리오의 리스크는 개별증권의 표준편차를 가중 평균한 값보다 낮은 수치를 가진다는 것으로 해석할 수 있다.

정리하면 앞 식(6.9)의 포트폴리오의 리스크를 계산하는 식에서 볼 수 있는 바와 같이 양의 상관계수 값이 점점 커지면 커질수록 포트폴리오의 리스크 σ_P은 더욱 더 크게 증가하는 것으로 정리할 수 있다.

상관계수 $\rho_{DE} = -1$의 경우, 포트폴리오의 리스크 σ_P^2

이제 앞서 본 경우와 정반대로 가정할 경우, 음(−)의 상관관계를 가진 증권을 포트폴리오에 편입하면 두 개의 위험자산으로 구성한 포트폴리오의 리스크를 크게 줄일 수 있다는 것을 알 수 있다.

두 주가의 움직임이 정반대로 움직이는 음(−)의 상관관계를 가진 증권을 포트폴리오에 편입하게 되면 두 자산으로 구성된 포트폴리오의 표준편차는 대폭 줄일 수 있다. 이와 같이 전체 포트폴리오의 위험을 줄이는데 기여하는 위험 자산을 소위 헤지 자산(hedge asset)이라고 부른다.

여기서 우리가 알 수 있는 것은 여러 증권을 편입한 포트폴리오를 구성하는 분산투자를 하되 가능한 상관관계가 작거나 거의 없는 증권을 편입하는 것이 최선의 투자전략임을 알 수 있다.

이제 극단적으로 두 증권가격이 정반대 방향으로 움직인다고 상정하는 경우를 생각하면 두 증권의 상관관계는 완전 음(−1)의 값을 가진 경우이다. 이와 같이 서로 다르게 움직이는 두 증권을 편입한다고 가정할 경우 전체 포트폴리오의 위험은 다음과 같은 식 (6.10)으로 간단하게 나타낼 수 있다.

$$\sigma_P^2 = (W_D\sigma_D - W_E\sigma_E)^2 \quad (6.10)$$

그리고 포트폴리오의 표준편차는 다음과 같다.

$$\sigma_P = (W_D\sigma_D - W_E\sigma_E) \quad (6.11)$$

종목 간 상관관계가 −1의 값을 가지면 투자자는 다음과 같은 식을 충족하는 자산배분 즉 포트폴리오 구성비율을 선택함으로써 완전 헤지 한 포지션을 얻을 수 있다.

$$W_D\sigma_D - W_E\sigma_E = 0$$

상기 식의 해는 다음과 같은 방식에 의해 도출된 것이다.

$$\begin{aligned} W_D\sigma_D - W_E\sigma_E &= W_D\sigma_D - (1-W_D)\sigma_E \\ &= W_D(\sigma_D + \sigma_E) - \sigma_E \end{aligned}$$

상기 식을 0으로 놓으면 다음과 같은 식이 된다.

$$0 = W_D(\sigma_D + \sigma_E) - \sigma_E$$

상기 식을 0으로 놓고 풀면 다음과 같은 식이 각각 도출된다.

$$W_D = \sigma_E / (\sigma_D + \sigma_E) \qquad (6.12)$$
$$W_E = \sigma_D / (\sigma_D + \sigma_E) = 1 - W_D$$

다시 한 번 정리하면 투자자가 여러 주식 종목 간 상관계수가 −1의 값을 가진 종목끼리 자산을 배분하는 포트폴리오 구성비를 선택함으로써전체 포트폴리오의 리스크는 거의 제로(0) 상태를 가져오게 된다. 이러한 자산배분 방식을 통해 완전 헤지 한 포지션을 얻을 수 있다.

예제 6.1 포트폴리오의 수익률과 리스크

이제 주식과 채권 두 증권으로 구성된 포트폴리오의 수익률과 리스크, 공분산, 상관계수는 다음과 같이 주어져 있다고 출발하자.

[표 6.3] 주식 및 채권의 기대수익률과 리스크 및 공분산과 상관계수

	채권	주식
기대수익률	$E(r_D) = 8\%$	$E(r_D) = 13\%$
표준편차	$\sigma_D = 12\%$	$\sigma_E = 20\%$
공분산	$Cov(\sigma_{DE}) = 72$	
상관계수	$\rho_{DE} = 0.30$	

[표 6.3]은 포트폴리오의 수익률과 위험을 계산하는 식에 의해 이미 산출된 값을 나타낸 표이다. 여기서 채권과 주식의 기대수익률이 각각 $E(r_D) = 8\%$와 $E(r_E) = 13\%$일 때 리스크 포트폴리오의 기대수익률 $E(r_P)$은 다음과 같이 계산된다.

$$E(r_P) = w_D E(r_D) + w_E E(r_E) = 8w_D + 13w_E$$

채권 및 주식의 개별 위험은 각각 $\sigma_D = 0.30$과 $\sigma_E = 0.30$이고 주식과 채권 수익률 간 상관계수 $\rho_{DE} = 0.30$일 때 포트폴리오의 분산 $\sigma_P{}^2$과 표준편차 σ_P는 다음과 같이 계산된다.

포트폴리오의 분산

$$\begin{aligned}\sigma_P{}^2 &= w_D{}^2\ \sigma_D{}^2 + w_E{}^2\sigma_E{}^2 + 2w_Dw_E\ \rho_{DE}\ \sigma_D\sigma_E \\ &= 12^2 w_D{}^2 + 20^2 w_E{}^2 + 2 \times 12 \times 20 \times 0.3 \times w_Dw_E \\ &= 144w_D{}^2 + 400w_E{}^2 + 144w_Dw_E \\ &= 144 \times 0.40^2 + 400 \times 0.60^2 + 144 \times 0.40 \times 0.60 \\ &= 201.6\end{aligned}$$

포트폴리오의 표준편차

$\sigma_P = 14.1986 = 14.20$

바로 위에서 보았던 위험자산 포트폴리오의 기대수익률에 대한 계산식 $E(r_P) = 8W_D + 13W_E$과 리스크 포트폴리오의 위험에 대한 계산 식 $\sigma_P{}^2 = 12^2\ W_D{}^2 + 20^2\ W_E{}^2 + 2\times12\times20\times\rho_{DE}\times W_DW_E$을 이용해 포트폴리오의 기대수익률과 상관계수 값에 상응한 기대수익률과 표준편차를 구하면 다음 [표 6.4]와 같은 결과가 나온다.

[표 6.4] 상관계수 값에 상응한 기대수익률과 표준편차

W_D	W_E	$E(r_P)$	$\rho_{DE} = -1$	$\rho_{DE} = 0$	$\rho_{DE} = .30$	$\rho_{DE} = +1$
		%	σ_P	σ_P	σ_P	σ_P
0.00	1.00	13.00	20.00	20.00	20.00	20.00
0.10	0.90	12.50	16.80	18.04	18.40	19.20
0.20	0.80	12.00	13.80	16.18	16.88	18.40
0.30	0.70	11.50	10.40	14.46	15.47	17.60
0.40	0.60	11.00	7.20	12.92	14.20	16.80
0.50	0.50	10.50	4.00	11.66	13.11	16.00
0.60	0.40	10.00	0.80	10.76	12.26	15.20
0.70	0.30	9.50	2.40	10.32	11.70	14.40
0.80	0.20	9.00	5.60	10.40	11.45	13.60
0.90	0.10	8.50	8.80	10.98	11.56	12.80
1.00	0.00	8.00	12.00	12.00	12.00	12.00

두 개의 위험자산으로 구성한 포트폴리오의 리스크 최소화는 상기 표에서 볼 수 있는 바와 같이 주식과 채권의 비중, 포트폴리오의 기대수익률과 위험은 두 증권의 수익률 간의 상관계수에 따라 다음의 [그림 6.3]과 [그림 6.4]와 같이 다양하게 나타난다.

[그림 6.3] 투자비중에 의존하는 포트폴리오 기대수익률

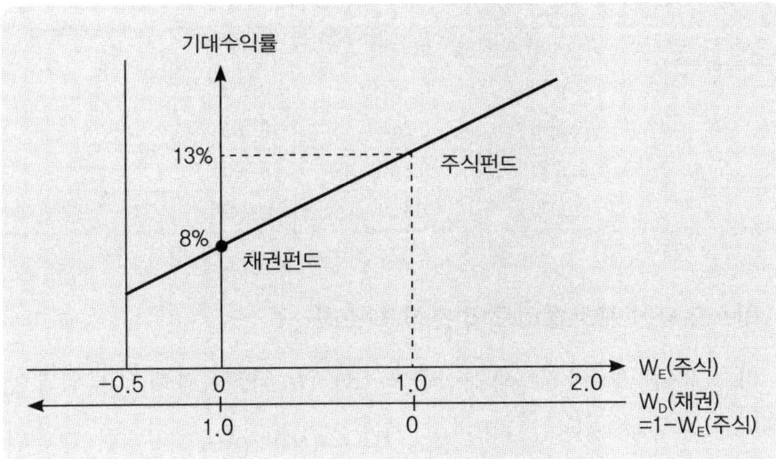

[그림 6.4] 투자비중에 의존하는 포트폴리오 표준편차

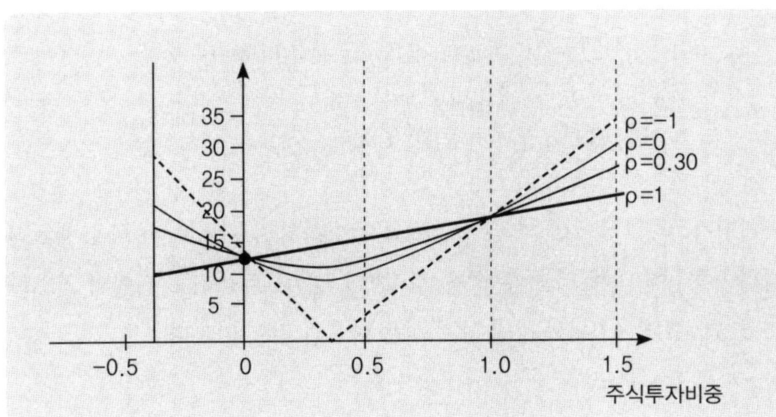

두 증권수익률 간의 상관계수에 따른 포트폴리오의 최소 표준편차와 그에 상응한 기대수익률 및 개별증권의 비중을 정리하면 다음과 같다.

[표 6.5] 상관계수에 따른 포트폴리오의 최소 표준편차와 기대수익률, 개별증권의 비중

	$\rho_{DE} = -1$	$\rho_{DE} = 0$	$\rho_{DE} = .30$	$\rho_{DE} = +1$
W_D	0.6250	0.7353	0.8200	-
W_E	0.3750	0.2647	0.1800	-
$E(r_P)$	9.8750	9.3235	8.9000	-
σ_P	0.0000	10.2899	11.4473	-

리스크자산 포트폴리오의 분산 최소화

리스크자산 포트폴리오의 분산을 최소화하는 식을 도출해 보기 위해 앞에서 배운 식 $\sigma_P^2 = W_D^2\,\sigma_D^2 + W_E^2\,\sigma_E^2 + 2W_D\,W_E\,Cov(r_D, r_E)$에서 주식 편입 비중 W_E 대신 전체 편입 비중에서 채권 편입 비중을 뺀 나머지 비중 즉 $(1-W_D)$을 대입하면 다음과 같은 식으로 나타낸다.

$$\begin{aligned}\sigma_P{}^2 &= W_D^2\sigma_D{}^2 + (1-W_D)^2\,\sigma_E{}^2 + 2W_D\,(1-W_D)\,Cov(r_D,\,r_E)\\ &= W_D^2\sigma_D{}^2 + \sigma_E{}^2 - 2W_D\,\sigma_E^2 + W_D^2\,\sigma_E{}^2\\ &\quad + 2W_D\,Cov(r_D,r_E) - 2W_D^2\,Cov(r_D,\,r_E)\end{aligned}$$

위험자산 포트폴리오의 리스크 σ_P를 최소화하기 위해 상기 식을 채권편입비중 W_D에 대해 미분 후 최종 정리한 다음, 포트폴리오 위험의 최소화 조건 $d\sigma_P/dW_D = 0$에서 풀면 상기 식은 다음과 같이 나온다.

$$\begin{aligned}0 &= [\sigma_D^2\,W_D - \sigma_E^2 + W_D\,\sigma_E^2 + Cov(r_D,\,r_E) - 2W_D\,Cov(r_D,\,r_E)]\\ &= [\sigma_D^2 - 2Cov(r_D,\,r_E) + \sigma_E^2]W_D = \sigma_E^2 - Cov(r_D,\,r_E)\end{aligned}$$

상기 식은 두 개의 리스크자산으로 구성된 포트폴리오의 위험을 최소화하는 주식 및 채권비중을 구하기 위해 다음과 같이 전환시킨다.

$$W_D = [\sigma_E^2 - Cov(r_D,\,r_E)]\;/\;[\sigma_D^2 + \sigma_E^2 - 2Cov(r_D,\,r_E)]$$

상기 식에서 리스크 자산 포트폴리오의 위험을 최소화하는 채권비중 $W_{Min}[D]$은 다음과 같은 식으로 나타낸다.

$$W_{Min}[D] = [\sigma_E^2 - Cov(r_D,\ r_E)] \ / \ [\sigma_D^2 + \sigma_E^2 - 2Cov(r_D,\ r_E)]$$

상기 식은 또한 리스크 포트폴리오의 위험을 최소화하는 채권 비중 $W_{Min}[D]$ 은 $Cov(r_D, r_E) = \rho_{DE}\ \sigma_D\ \sigma_E$ 식을 이용하면 다음과 같이 나타낼 수 있다.

$$W_{Min}[D] = [\sigma_E^2 - \rho_{DE}\ \sigma_D\ \sigma_E] \ / \ [\sigma_D^2 + \sigma_E^2 - 2\ \rho_{DE}\ \sigma_D\ \sigma_E]$$

예제

6.2 포트폴리오 리스크를 최소화하는 채권 및 주식 비중의 값

상기 식에서 채권의 위험은 $\sigma_D = 0.12$, 주식의 위험은 $\sigma_E = 0.20$이고 두 증권 간의 상관계수는 $\rho_{DE} = 0.30$의 값이 주어져 있다고 가정하면 포트폴리오의 리스크를 최소화하는 채권 편입 비중은 다음과 같은 값을 가진다.

$$\begin{aligned} W_{Min}[D] &= [\sigma_E^2 - \rho_{DE}\ \sigma_D\ \sigma_E] \ / \ [\sigma_D^2 + \sigma_E^2 - 2\rho_{DE}\ \sigma_D\ \sigma_E] \\ &= [20^2 - 0.30 \times 12 \times 20] \ / \ [12^2 + 20^2 - 2 \times 0.30 \times 12 \times 20] \\ &= 0.82(82\%) \end{aligned}$$

채권 편입 비중 $W_{Min}[D]$ 을 구한 상기 식을 이용한 아래와 같은 식을 통해 주식편입 비중 $W_{Min}[E]$ 도 다음과 같이 구할 수 있다.

$$W_{Min}[E] = 1 - W_{Min}[D] = 1 - 0.82 = 0.18(18\%)$$

이제 결론적으로 정리하면 두 개의 증권으로 구성된 포트폴리오의 리스크를 최소화하는 채권과 주식의 편입 비중은 각각 다음과 같이 배분됐을 때 달성될 수 있다는 것을 알 수 있다.

$$W_{Min}[D] = 0.82(82\%)$$
$$W_{Min}[E] = 0.18(18\%)$$

다시 말해서 포트폴리오의 리스크를 최소화하는 두 개의 위험자산으로 구성된 전체 포트폴리오의 리스크는 다음과 같이 나타난다.

리스크 최소화를 달성한 포트폴리오의 분산과 표준편차

$$\begin{aligned}\sigma^2_{Min} &= [(0.82^2\times12^2) + (0.18^2\times 20^2) + (2\times0.82\times0.18\times72)] \\ &= [(0.6724\times144) + (0.0324\times400) + (1.64\times12.96)] \\ &= 131.04\end{aligned}$$
$$\sigma_{Min} = 11.45\%$$

포트폴리오의 리스크를 최소화하는 포트폴리오의 기대수익률과 리스크를 정리해 보자. 포트폴리오 리스크의 최소화에 달성한 채권과 주식의 표준편차는 각각 $\sigma_D = 0.12$, $\sigma_E = 0.20$이고 상관계수 $\rho_{DE} = 0.30$이 주어진 상태에서 포트폴리오의 리스크의 최소화는 $\sigma_{Min} = 11.45\%$에서 실현된다. 또한 여기서 포트폴리오의 자산배분 구성비중은 각각 채권편입비중 $W_{Min}[D] = 82\%$와 주식편입비중 $W_{Min}[E] = 18\%$에서 달성된다. 또한 포트폴리오의 리스크를 최소화한 포트폴리오의 수익률은 $E(r_P) = 8.9\%$에서 실현된다.

$$\begin{aligned}E(r_P) &= W_D\, E(r_D) + W_E\, E(r_E) \\ &= 8\times0.82 + 13\times0.18 = 8.9\%\end{aligned}$$

상관계수에 따른 포트폴리오의 리스크 변화

지금까지 채권과 주식으로 구성된 포트폴리오의 리스크를 최소화한 자산구성비와 포트폴리오의 수익률과 표준편차를 살펴보았다. 여기서 상관계수가 작으면 작을수록 분모의 값이 커지면서 분자의 값이 작아지므로 전체 포트폴리오의 리스크는 계속 감소한다는 사실을 알 수 있다.

극단적으로 상관계수가 마이너스(−1) 값에 가까워지면 분모의 값이 압도적으로 커지는 반면 분자의 값은 상대적으로 감소하기 때문에 전체 포트폴리오의 리스크는 대폭 줄어들 수 있다.

두 자산의 수익률 간 상관계수가 마이너스($\rho_{DE} = -1$)를 갖는다는 가정 하에서 포트폴리오의 리스크 최소화를 도출해 보기 위해 다시 다음 식에서 출발하자.

$$\begin{aligned}\sigma_P^2 &= W_D^2\,\sigma_D^2 + W_E^2\,\sigma_E^2 + 2W_D\,W_E\,Cov(r_D,\,r_E)\\ &= W_D^2\,\sigma_D^2 + W_E^2\,\sigma_E^2 + 2W_D\,W_E\,\rho_{DE}\,\sigma_D\,\sigma_E\end{aligned}$$

상기 식은 상관계수 $\rho_{DE} = -1$에서 σ_P^2은 다음과 같이 단순화시킬 수 있다.

$$\sigma_P^2 = (W_D\,\sigma_D)^2 + (W_E\,\sigma_E)^2 - 2(W_D\,\sigma_D)\,(W_E\,\sigma_E)$$

상기 식은 다음과 같이 나타낼 수 있다.

$$\sigma_P^2 = (W_D\sigma_D + W_E\sigma_E)^2$$

또는 상기 식은 다음과 같이 나타내기도 한다.

$$\sigma_P = W_D\sigma_D + W_E\sigma_E$$

상기 식에서 전체 포트폴리오의 위험을 제로($\sigma_P = 0$)로 극소화하기 위한 조건은 다음과 같이 나타낼 수 있다.

$$W_D \sigma_D + W_E \sigma_E = 0$$

상기 식에서 두 자산의 구성비는 다음과 같이 나타난다.

$$W_D \sigma_D + (1 - W_D)\sigma_E = 0$$
$$W_D \sigma_D + \sigma_E - W_D \sigma_E = 0$$
$$W_D (\sigma_D - \sigma_E) + \sigma_E = 0$$
$$W_D (\sigma_D - \sigma_E) = -\sigma_E$$
$$W_D = -\sigma_E / (\sigma_D - \sigma_E)$$

위 식을 정리하면 다음과 같다.

$$W_D = \sigma_E / (\sigma_D + \sigma_E)$$
$$W_E = \sigma_D / (\sigma_D + \sigma_E)$$
$$= 1 - W_D$$

상기 식을 이용해 실제 값을 대입하면 다음과 같다.

$$W_D = \sigma_E / (\sigma_D + \sigma_E) = 0.625(62.5\%)$$
$$W_E = 1 - 0.625 = 0.375(37.5\%)$$

채권편입비중은 62.5%, 주식편입비중은 37.5%로 구성하면 전체 포트폴리오의 위험은 가장 최소화된 값을 가진다.

다음은 이용 가능한 자산의 파라메터가 주어졌을 때 포트폴리오 위험과 수익률 간의 관계를 나타내기 위해 [그림 6.3]과 [그림 6.4]를 결합해 보자. [그림 6.5]에서 짙은 곡선(solid colored curve)은 주어진 상관계수(correlation coefficient) ρ= 0.30에서 포트폴리오 기회세트(portfolio opportunity set)를 표시하고 있다.

[그림 6.5] 표준편차 함수로서의 포트폴리오 기대수익률

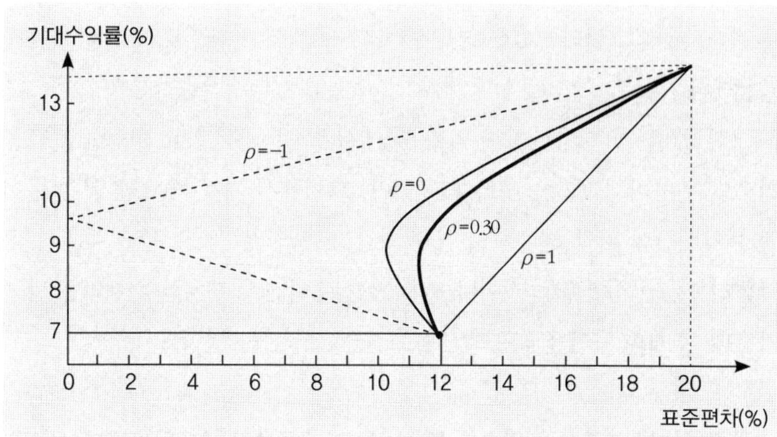

짙은 곡선(solid colored curve)으로 나타낸 포트폴리오 기회세트는 이용 가능한 두 개의 자산구성에서 얻은 포트폴리오 기대수익률과 위험의 여러 조합 점을 연결한 곡선이다.

다른 곡선들 즉 다른 포트폴리오 기회세트는 다른 상관계수의 크기에 따라 그에 상응한 곡선으로 나타내고 있다. 상관계수 ρ= +1일 때 분산의 혜택(benefit)은 전혀 없다.

상관계수 ρ= 0.30보다 작으면 작을수록 다시 말해서 점선(dashed colored line)으로 나타낸 포트폴리오 기회조합 곡선보다 더 멀리 왼쪽으로 이동해가면 갈수록 포트폴리오 분산의 혜택(benefit)은 더욱 더 크게 증가한다. 결국 ρ=−1에서 포트폴리오 기회세트는 직선으로 나타난다. 이곳에서는 완전한 헤징 기회(perfect hedging opportunity)를 제공하며 분산을 통해 최대 이익(maximum advantage from diversification)을 얻는다.

03 주식과 채권 및 안전자산의 자산배분

앞장에서 채권과 주식으로 구성한 위험자산 포트폴리오를 통해 단순한 자산배분결정에 대해 설명하였다. 다음은 주식과 채권 및 안전자산 등 세 개의 자산으로 구성된 포트폴리오의 수익률과 리스크에 대해 설명해 보기로 한다. 아래 그림의 CAL(자본배분선)은 세 개의 자산으로 구성한 자본배분선이다.

[그림 6.6]은 안전자산의 수익률 5%에서 세 개 자산으로 구성한 포트폴리오의 투자기회집합을 나타내고 있다. 그림에서 가장 중요한 것은 주어진 투자예산의 제약 하에서 주식과 채권 및 안전자산으로 분산 투자한 포트폴리오를 구성한다는 것이다. 투자자는 주어진 투자예산의 제약을 받는 가운데 세 개의 자산을 배분하는 포트폴리오를 짜는 것이다.

[그림 6.6] 채권과 주식 및 안전자산으로 구성한 포트폴리오에서 투자기회 집합과 채권 및 주식의 배분 가능한 자본배분선

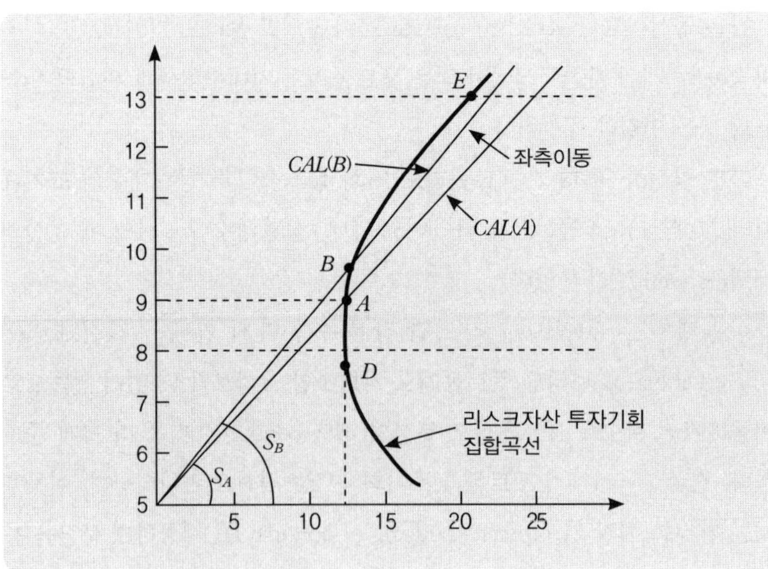

[그림 6.6]은 안전자산 수익률 5%수준에서 출발한다. 그림에서 안전자산 수익률수준의 절편을 통과하는 직선은 주식과 채권의 배분 가능한 포트폴리오를 의미한다. 다시 말해서 절편을 통과한 자본배분선은 채권과 주식을 배분한 조합 즉 위험자산 포트폴리오를 연결한 자본배분선(CAL)을 보여주고 있다. 따라서 자본배분선 상에서 특정 지점은 일종의 투자기회집합을 나타낸다고 볼 수 있다. 특정 지점에서 주식과 채권이 배분되고 동시에 안전자산의 배분되는 조합점으로 볼 수 있다.

이제 두 가지의 경우로 나누어 살펴보자. 첫째는 채권 82%, 주식 18%로 투자된 최소 분산 포트폴리오 A와 채권 70%, 주식 30%로 투자된 최소 분산 포트폴리오 B로 나누어 살펴보자.

첫째로 가능한 자본배분선은 채권에 82%, 주식에 18%가 투자된 최소 분산 포트폴리오 A를 통과한다. 최소 분산 포트폴리오 A의 기대수익률은 8.90%, 표준편차는 11.45%이다.

안전자산 수익률이 5.0%라면 변동성에 대한 보상 비율(reward-to-variability ratio)은 최소 분산 포트폴리오를 연결하는 자본배분선의 기울기로 나타낸다. 안전자산 수익률 5%에서 포트폴리오 A의 변동성에 대한 보상 비율은 CAL의 기울기로 다음과 같이 $S_A = 0.34$를 가진다.

$$S_A = [E(r_A) - r_f] \,/\, \sigma_A = (8.9-5) \,/\, 11.45 = 0.34$$

포트폴리오 A의 경우 위험 한 단위에 대한 리스크 보상 즉 변동성에 대한 보상 비율은 다음과 같은 의미를 가진다.

변동성에 대한 보상 비율
= [위험자산 포트폴리오 A의 수익률 − 무위험자산 수익률] / 위험자산 포트폴리오 A의 위험
= 초과수익률 / 포트폴리오 A의 위험
= 포트폴리오 A의 위험에 대한 보상 / 포트폴리오 A의 위험

다시 말해서 변동성 대비 보상 비율 $S_A = 0.34$는 포트폴리오 A의 위험 한 단위당 보상 비율 즉 포트폴리오 A의 위험 한 단위에 대한 초과수익(리스크 보상)을 의미한다.

다음에는 포트폴리오 A대신 B를 선택하는 경우의 자본배분선 CAL을 생각해 보자. 이 경우 포트폴리오 B는 채권에 70%, 주식에 30%로 자본을 배분한 포트폴리오를 나타낸다.

포트폴리오 B의 기대수익률은 9.5%, 리스크 프리미엄은 4.5%, 표준편차는 11.70%이다. 따라서 안전자산 수익률 5%에서 포트폴리오 B의 변동성 대비 보상 비율은 다음과 같이 $S_B = 0.38$을 갖는다.

$$S_B = [E(r_B) - r_f] / \sigma_B = (9.5-5) / 11.70 = 0.38$$

최소 분산의 포트폴리오와 주어진 안전자산 수익률에서 변동성 대비 보상 비율 $S_A = 0.34$와 $S_B = 0.38$을 서로 비교하면 S_B가 S_A보다 크다는 것을 볼 수 있다. 다시 말해서 최소 분산을 가져오는 포트폴리오의 리스크에 대한 보상 기준으로 포트폴리오의 수익률 보상으로 따지면 최소 분산 포트폴리오 B가 최소 분산 포트폴리오 A를 압도한다.

그러나 최소 분산 포트폴리오 B점에서 멈추지 않고 최종적인 투자기회집합에서 접하는 지점까지 자본배분선을 가능한 멀리 위쪽으로 이동시켜야 위험에 대한 보상을 최대화할 수 있다. 따라서 CAL을 좌측 방향의 위쪽으로 이동시킨다. 이와 같이 최소 분산 포트폴리오 A, B ... E 점을 연결한 궤적을 따라가면 자본배분선 CAL의 기울기가 높아지면서 보상 비율이 증가하는 것을 볼 수 있다.

여기서 볼 수 있는 바와 같이 최소 분산 포트폴리오 A, B ... E 점을 연결한 궤적을 투자기회집합선이라고 부른다. 그림에 나타낸 최소 분산 포트폴리오 A, B ... E 점은 최적 자산배분을 보증하는 투자기회집합 점들을 표시한 것이다.

[그림 6.7] 최소 분산 포트폴리오와 투자기회집합 및 최적자본배분선

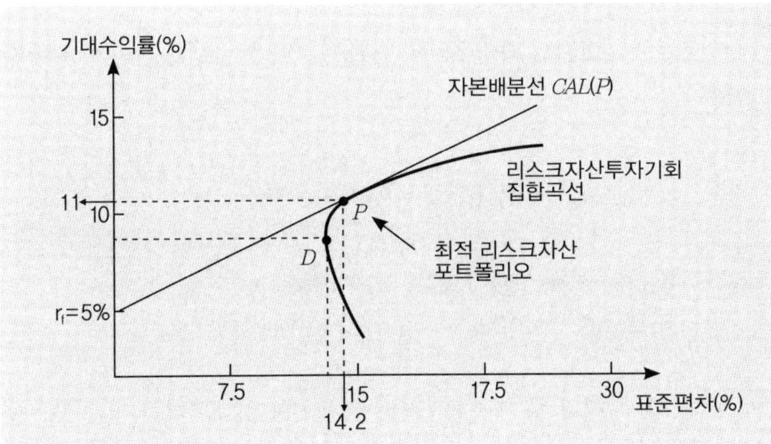

[그림 6.7]의 접점 *P*점은 주어진 안전자산 수익률에서 채권과 주식으로 구성한 포트폴리오의 최소 분산과 최대 수익률을 동시에 보장하는 최적 포트폴리오(optimal risky portfolio)이다.

또한 *P*점은 투자기회집합 곡선과 자본배분선 CAL(P)이 서로 접하는 접점이다. *P*점에서 최적 위험자산 포트폴리오가 달성된다. *P*점에서의 최적 포트폴리오의 수익률과 [그림 6.7]에서 볼 수 있는 바와 같은 포트폴리오의 기대수익률 $E(r_p)$ = 11%와 리스크 σ_p = 14.2%가 달성된다.

그림에서 알 수 있는 바와 같이 가능한 가장 높은 자본배분선 기울기를 찾는 것은 가장 높은 변동성에 대한 보상 비율을 찾는 것과 같다. 이는 포트폴리오의 최대 수익률과 최소 분산을 충족시키는 것을 찾는 것과 같은 것이다. 우리는 이런 목표를 달성하기 위해 가능한 포트폴리오 *P*점에서 접하는 자본배분선(CAL)을 찾는 것이다. 바로 이 지점이 자본배분선의 기울기를 극대화하는 것이다. 따라서 이 목표에 달성할 수 있는 목적함수(objective function)는 자본배분선의 기울기가 최대치를 가질 때, 즉 변동성 대비 보상 비율 S_p이 최대값을 가질 때 달성된다.

$$S_p = [E(r_p) - r_f] / \sigma_p$$

다시 포트폴리오 P의 기대수익률과 위험은 다음과 같은 식을 이용해 출발한다.

$$E(r_p) = W_D\, E(r_D) + W_E\, E(r_E) = 8W_D + 13W_E$$

$$\begin{aligned} \sigma_p &= W_D^2\, \sigma_D^2 + W_E^2\, \sigma_D^2 + 2\, W_D W_E\, Cov(r_D,\ r_E)^{1/2} \\ &= [144\ W_D^2 + 400\ W_E^2 + 2 \times 72 \times W_D W_E\ ]^{1/2} \end{aligned}$$

목적함수의 극대화 즉 자본배분선의 기울기를 극대화하는 것은 포트폴리오 비중의 합산이 1.0(100%)의 제약을 받는다. 즉 $W_D + W_E = 1$의 제약하에 놓여 있다.

$$Max\ S_p = [E(r_p) - r_f] / \sigma_p$$

최적 리스크 포트폴리오의 자산구성비에 대한 해(解)는 다음 식을 이용한다.

$$\begin{aligned} W_D = \{\ [E(r_p) - r_f] / \sigma_E^2 - [E(r_E) - r_f]\, Cov(r_D,\ r_E)\ \} / \{[E(r_p) - r_f] / \\ \sigma_E^2 + [E(r_E) - r_f]\, \sigma_D^2 - [E(r_D) - r_f + E(r_E) - r_f]\, Cov(r_D,\ r_E)\} \end{aligned}$$

$$W_E = 1 - W_D$$

예제

6.2 최적 리스크 포트폴리오

최적 리스크 포트폴리오의 해(解)를 구하는 공식을 이용하면 다음과 같다.

W_D = {[8−5]/400−[13−5]72} / {[8−5]/400 + [13−5]144−[8−5 + 13−5] 72}
= 0.40

$W_E = 1-0.40 = 0.60$

$E(r_p) = 8\ W_D + 13\ W_E = 8\times0.40 + 13\times0.60 = 3.2 + 7.8 = 11\%$

$\sigma_p = [144\ W_D^2 + 400\ W_E^2 + 2\times72\times W_D\ W_E\ ]^{1/2}$
$= [144\times0.4^2 + 400\times0.6^2 + 2\times72\times0.4\times\ 0.6\ ]^{1/2}$
$= 14.1986$

최적 위험자산 포트폴리오의 자본배분선 기울기는 다음과 같다.

$S_p = [E(r_p)-r_f]/\sigma_p = [11-5]/14.2 = 0.42$

이 기울기는 여타 다른 포트폴리오의 기울기를 능가한 최고의 자본배분선 기울기이다.

예제

6.3 최적 완성 포트폴리오

여기서 위험회피 계수 A = 4의 가정 하에서 위험자산과 무위험자산을 포함한 전체 포트폴리오의 최적 구성 조건은 총투자예산(부)의 74.39%을 위험자산에 배분하고 나머지 25.61%를 무위험자산에 배분할 때 달성된다.

$y^* = [E(r_p)-r_f]\ /\ 0.01A\ y\ \sigma_p^2$
$= [11-5]\ /\ 0.01\times4\times14.2^2 = 0.7439$

Exercises 공분산의 계산식을 이용한 포트폴리오의 분산 값

$$Cov(r_D,\ r_D) = \Sigma Pr\,(\text{시나리오})[r_D - E(r_D)][r_D - E(r_D)] \qquad (6.4)$$
$$= \Sigma Pr(\text{시나리오})[r_D - E(r_D)]^2$$
$$= \sigma_D^{\ 2}$$

전체 포트폴리오의 수익률은 편입 자산의 수익률과 위험 및 자산수익률 간의 상관계수 그리고 자산보유자의 위험 선호에 의존한다.

i, j 자산의 기대수익률을 각각 $E(r_i), E(r_j)$로 표시하고 개별자산의 편입 비율을 각각 a_i, a_j 로 나타내면 두 자산으로 구성한 포트폴리오의 기대수익률 r_p는 다음과 같다.

$$r_p = a_i\, E(r_i) + a_j\, E(r_j)$$

개별자산의 위험을 각각 σ_i, σ_j 두 자산의 수익률 공분산을 σ_{ij}으로 나타내면 i, j 자산으로 구성한 포트폴리오의 수익률 분산 σ_p는 다음과 같다.

$$\sigma_p = a_i\sigma_i + a_j\sigma_j + 2a_i\, a_j\sigma_{ij}$$

i, j 자산의 수익률은 경기에 따라 다음과 같은 수익률 분포를 나타냈다고 하자.

경기상태	확률 Pr(scenario)	i 자산의 기대수익률 $E(r_i)$	j 자산의 기대수익률 $E(r_j)$
호 경 기	0.25	25%	40%
보통경기	0.50	20%	10%
불 경 기	0.25	-10%	-30%

i 자산의 기대수익률

$$r_i = E(r_i) \ = \int r_i\, f_i(r)df_i \qquad i = 1,\ 2,\ 3,\ n$$

$$
\begin{aligned}
r_i &= E(r_i) \\
&= \sum Pr(scenario)\ E(r_i) \\
&= 0.25\times 25 + 0.50\times 20 + 0.25\times(-10) \\
&= 13.75\%
\end{aligned}
$$

j 자산의 기대수익률

$$r_j = E(r_j) = \int r_j f_j(r) df_j \qquad i = 1,\ 2,\ 3,\ n$$

$$
\begin{aligned}
r_j &= E(r_j) \\
&= \sum Pr(scenario)\ E(r_j) \\
&= 0.25\times 40 + 0.50\times 10 + 0.25\times(-30) \\
&= 7.5\%
\end{aligned}
$$

i 자산의 수익률 분산

$$
\begin{aligned}
\sigma_i^2 &= \sum Pr(scenario)\ [r_i - E(r_i)]^2 \\
&= 0.25\times(25-13.75)^2 + 0.50\times(20-13.75)^2 + 0.25\times \\
&\quad (-10-13.75)^2 \\
&= 192.187475
\end{aligned}
$$

$$\sigma_i = 13.8632(13.86\%)$$

j 자산의 수익률 분산

$$
\begin{aligned}
\sigma_j^2 &= \sum Pr(scenario)\ [r_j - E(r_j)\ ]^2 \\
&= 0.25\times(40-7.5)^2 + 0.50\times(10-7.5)^2 + 0.25\times \\
&\quad (-30-7.5)^2 \\
&= 618.75
\end{aligned}
$$

$$\sigma_j = 24.8749(24.87\%)$$

공분산 : 두 자산수익률의 공분산 σ_{ij}

두 자산의 수익률 분산을 이용하면 공분산 σ_{ij}는 다음과 같이 구할 수 있다.

경기상태 확률	i자산 수익률 편차 σ_i (1)	j자산 수익률 편차 σ_j (2)	(1)× (2) $\sigma_i \times \sigma_j$
① 호경기 0.25	11.25	32.5	365.625
② 보통경기 0.50	6.5	2.5	15.625
③ 불경기 0.25	-23.75	-37.5	890.625

i자산의 수익률 편차

① 호경기 25−13.75 = 11.25

② 보통경기 20−13.75 = 6.5

③ 불경기 −10−13.75 = −23.75

j자산의 수익률 편차

① 호경기 40−7.5 = 32.5

② 보통경기 10−7.5 = 2.5

③ 불경기 −30−7.5 = −37.5

i, j 자산의 수익률 공분산 σ_{ij}는 다음과 같이 구한다.

$$\begin{aligned}\sigma_{ij} &= \Sigma\ Pr(scenario)\ \sigma_i\ \sigma_j \\ &= 0.25 \times 365.625 + 0.50 \times 15.625 + 0.25 \times 890.625 \\ &= 321.875\end{aligned}$$

i, j 자산의 수익률 간 상관계수 ρ_{ij}는 두 자산수익률 공분산 σ_{ij}를 두 자산 수익률 분산을 곱한 값 $(\sigma_i \times \sigma_j)$으로 나눈 값과 같다.

$$\rho_{ij} = \sigma_{ij} \ / \ (\sigma_i \times \sigma_j) = 321.827 \ / \ (13.86 \times 24.87) = 0.93$$

상관계수 $\rho_{ij} = 0.93$는 거의 +1에 가깝다. 따라서 두 자산의 수익률은 어떠한 경기에서도 긴밀한 관계를 유지하며 움직인다는 것을 의미한다.

두 자산의 수익률이 어떤 경기상황에서도 같이 움직인다면 공분산은 $\sigma_i = \sigma_j = \sigma_{ij}$로 되어 상관계수는 $\rho_{ij} = +1$이 된다. 이것은 완전한 정의 상관관계를 갖는다는 것을 의미한다.

상관계수는 일반적으로 $\rho_{ij} = +1$과 $\rho_{ij} = -1$ 사이의 값을 가진다. 상관계수 $\rho_{ij} = +1$일 때 두 주식수익률은 서로 완전한 상관관계에 있다. 상관계수 $\rho_{ij} = -1$일 때 두 주식수익률은 전혀 상관관계를 갖지 않고 정반대로 움직이는 경우다.

이제 두 자산으로 구성된 전체 포트폴리오의 위험이 상관계수에 따라 변하는 것을 보기 위해 개별자산의 기대수익률과 위험이 주어져 있다는 가정 하에서 상관계수가 $\rho_{ij} = +1$, $\rho_{ij} = 0$, $\rho_{ij} = -1$일 때 전체 포트폴리오의 기대수익률과 위험이 어떻게 변화하는지 보기로 하자.

다음 표는 개별자산의 기대수익률은 각각 $E(r_i) = 5\%$, $E(r_j) = 15\%$, 두 자산의 위험은 각각 $\sigma_i = 20\%$, $\sigma_j = 40\%$ 로 주어져 있다. 개별자산의 편입비율과 상관계수에 따라 포트폴리오의 위험은 다음과 같이 변동한다.

(1) i, j 자산이 100% 대 0% 로 구성된 포트폴리오의 수익률

$$\begin{aligned} r_p &= a_i E(r_i) + a_j E(r_j) = a_i \, 0.05 + a_j \, 0.15 \\ &= 100 \times 0.05 + 0 \times 0.15 = 5 \end{aligned}$$

(2) i, j 자산의 편입비율이 50%씩 구성된 포트폴리오의 수익률

$$\begin{aligned} r_p &= a_i E(r_i) + a_j E(r_j) = a_i \, 0.05 + a_j \, 0.15 \\ &= 50 \times 0.05 + 50 \times 0.15 = 10 \end{aligned}$$

포트폴리오의 기대수익률 r_p 과 위험 σ_p

i, j 자산 편입 구성		ρ_{ij} = +1		ρ_{ij} = 0		ρ_{ij} = −1	
		r_p	σ_p	r_p	σ_p	r_p	σ_p
100	0	5	20	5	20	5	20
90	10	6	22	6	18.4	6	14
80	20	7	24	7	17.9	7	8
70	30	8	26	8	18.4	8	2
60	40	9	28	9	20	9	4
50	50	10	30	10	22.4	10	10
40	60	11	32	11	25.3	11	16
30	70	12	34	12	28.6	12	22
20	80	13	36	13	32.2	13	28
10	90	14	38	14	36.1	14	34
0	100	15	40	15	40	15	40

상관계수 $\rho_{ij} = +1$ 경우

$$\sigma_p^2 = a_i^2\ \sigma_i^2 + a_j^2\ \sigma_j^2 + 2\ a_i\ a_j\ \ \rho_{ij}\sigma_i\ \sigma_j$$
$$= a_i^2\ 0.2^2 + a_j^2\ 0.4^2 + 2\ a_i a_j\ (+1)\ 0.2\ 0.4$$
$$= 0.04\ a_i^2 + 0.16\ a_j^2 + 2\ a_i a_j\ (+1)\ 0.08$$
$$= 0.04\ a_i^2 + 0.16\ a_j^2 + 0.16\ a_i\ a_j$$

(3) 자산 구성비 100% 대 0%로 구성된 포트폴리오의 위험

$$\sigma_p^2 = 0.04\ a_i^2 + 0.16 a_j^2 + 0.16\ a_i a_j$$
$$= 100^2 \times 0.04 + 0^2 \times 0.16 + 0.16 \times 100 \times 0$$
$$= 400$$
$$\sigma_p\ = 20$$

(4) 자산구성비 50% 대 50%로 구성된 포트폴리오의 위험

포트폴리오의 분산

$$\begin{aligned}\sigma_p^2 &= 0.04\,a_i^2 + 0.16a_j^2 + 0.16\,a_i\,a_j \\ &= 50^2 \times 0.04 + 50^2 \times 0.16 + 0.16 \times 50 \times 50 \\ &= 900\end{aligned}$$

포트폴리오의 표준편차

$$\sigma_p = 30$$

이제 앞에서 설명한 상기 표와 여러 계산식에서 볼 수 있는 바와 같이 우리는 다음과 같은 사실을 확인할 수 있다.

① 포트폴리오의 기대수익률은 두 자산의 편입비율에 따라 변화한다. 주어진 기대수익률에서 수익률이 높은 자산의 편입이 증가해 가면 포트폴리오의 수익률은 상승한다.

② 포트폴리오의 위험은 두 자산 수익률 간 상관계수의 값이 낮아지면서 감소한다. 완전한 부(−)의 상관계수를 가진 경우, i 자산의 편입비율이 60% − 80%에서 두드러지게 작아진다는 것을 알 수 있다.

③ 자산 수익률 사이 상관계수의 값은 일반적으로 0(제로)과 +1 사이에 있다. 결론적으로 포트폴리오의 위험은 여러 자산으로 분산 투자하는 종목 수가 많아지면 점진적으로 줄어드는 분산 투자효과가 나타나는 것을 볼 수 있다.

제7장

지수모형

제6장에서 배운 마르코비치의 투자모형은 다음과 같은 몇 가지 결정적인 단점을 가지고 있다.

첫째 단점은 공분산 행렬을 만들기 위해 엄청나게 많은 추정치를 필요로 한다는 점이다. 물론 추정치의 계산은 자동프로그램을 통해 쉽게 얻을 수 있지만 매번마다 작업이 필요하다는 점이다.

둘째 단점은 리스크 자산의 효율적인 프런티어를 구성하는 데 증권 리스크 프리미엄의 예측에 대해 어떠한 지침도 없다는 점이다. 미래 예측이 투자수익을 담보할 수 없다는 것이다.

셋째 단점은 과거의 수익률은 미래의 수익률을 보장하지 못한다는 점이다. 과거의 수익률 변화가 미래에도 비슷하게 움직이리라는 보장이 없다는 것이다.

앞에서 본 바와 같이 마르코비치의 투자모형이 가진 결점을 보완하기 위해 본 7장에서는 공분산 행렬의 추정을 단순화한 대체모형으로 개발된 지수모형을 설명하고 있다. 지수모형을 통해 리스크 프리미엄의 분석을 보완하는 것이다.

지수모형은 마르코비치의 모형이 제공하지 못하는 다음과 같은 장점을 가지고 있다. 첫째, 지수모형은 리스크를 체계적인 요소와 기업고유 요소로 단순하게 분해하고 있다는 점이다. 둘째, 분산투자의 위력과 한계를 명료하고 단순하게 설명하는 장점을 가지고 있다는 점이다. 셋째, 특정 증권이나 포트폴리오의 리스크 구성 요소를 쉽게 측정할 수 있다는 점이다.

01 단일 요인 증권시장

마르코비치 모형의 입력자료 목록

앞 장에서 배운 마르코비치의 최적 포트폴리오는 기대수익률의 추정치와 공분산 행렬 등 입력 자료의 내용이 변동하면 그에 따라 크게 달라질 수 있다는 것을 알 수 있었다.

예를 들면, 50개의 주식종목을 분석할 때 필요한 입력의 자료 목록은 50개의 기대수익률과 분산 및 1,225개의 공분산을 추정해야 한다. 추정해야 할 개수는 총 1,325개에 달한다. 이와 같이 추정치의 수가 너무 방대하다는 것을 알 수 있다. 만약 포트폴리오에 편입할 종목 수가 이보다 더 늘어나면 분석 작업은 방대하게 불어나게 된다.

마르코비치 모형의 최대 약점은 추정 상관계수가 오류일 때 참담한 결과를 초래할 수 있다는 점이다. 지수모형은 이러한 치명적인 결함을 피하면서 단순한 방법으로 접근할 수 있는 장점이 있다.

수익률의 정규분포 특성과 체계적 리스크

단일지수모형은 특정 주식의 수익률 r_i 에 대해 다음 (7.1)식과 같이 예측 가능한 기대 수익률 $E(r_i)$과 예측하기 어려운 확률적인 교란요인 e_i 으로 단순하게 구성된다.

$$r_i = E(r_i) + e_i \tag{7.1}$$

특정 주식(i)의 수익률 = 예측 가능한 기대수익률 + 예측하지 못한 확률적인 교란 요인

상기 식(7.1)에서 e_i은 예측하지 못한 확률적인 교란 요인이다. 변수 e_i의 통계적 특성은 기대 값이 영(0)이고 동일한 표준편차 σ_i를 분포한 특성을 가진다. 이에 따라 기대수익률과 표준편차는 다음과 같이 나타낸다.

e_i의 통계적 특성은 ① 확률적인 교란 요인(e_i)의 기대치 $E(e_i)$는 제로(0) 값을 가진다. 즉 $E(e_i) = 0$ 이다. ② 확률적인 교란 요인(e_i)의 표준편차 σ_i는 시계열 상에서 모두 동일한 값을 가진다.

모형의 단순화를 위해 수익률의 변수는 결합 정규분포를 띤다고 가정한다. 수익률에 미치는 공통 요인은 거시지표를 포괄하고 증권시장 전체를 움직이는 변수로 간주한다. 수익률에 영향을 미치는 요인 중에서 공통요인 이외의 요인들은 모두 기업고유 요인으로 간주하고 해당 기업 고유요인에 영향을 받은 다른 주식수익률과의 상관관계는 전혀 없다고 가정한다.

특정 주식의 수익률에 미치는 공통 요인은 경기순환, 인플레이션, 통화량, 기술 변화, 원자재 가격 등 모두 거시경제적인 요인변수들이다. 기업 고유 요인은 특정 개별기업의 혁신적인 기술개발과 기업 경영자의 사망 등의 요인을 말한다.

이제 공통 요인을 m이라는 변수로 포착하고, 경제 전반에서 일어날 수 있는 확률적인 교란 요인을 e_i에 포함시키면 두 변수를 고려한 식(7.1)은 다음과 같은 식(7.2)으로 전환된다.

$$r_i = E(r_i) + m + e_i \quad (7.2)$$

특정 주식(i)의 수익률 = 기대수익률 + 거시경제적인 요인 + 기업 고유 요인
특정 주식(i)의 수익률 = 기대수익률 + 체계적 요인 + 비체계적 요인

식 (7.2)에서 공통요인 m의 기대치는 0이고 표준편차는 σ_m이라는 통계적 특성을 가진다. m과 e_i의 통계적 특성은 ① m : 체계적 요인 변수 m의 기대치는 제로(0)이고 ② σ_m : 체계적 요인 변수 m의 표준편차는 동일하다.

식(7.2)에서 e_i의 변수 밑 첨자(i)는 기업 고유 요인을 나타내는 부호이다. 공통요인 m에서는 모든 증권에 다 같이 영향을 미치는 거시경제적인 요인이라는 의미에서 첨자(i)를 생략해 나타낸 것이다.

식(7.2)에서 특정 주식의 수익률 r_i과 분산 σ_i^2에서 거시경제적인 공통요인과 기업 고유 요인간의 관계는 서로 독립적이라고 가정한다. 이러한 가정 하에서 특정 주식의 수익률 변동성 즉 분산은 공통요인과 기업 고유 요인에서 볼 때 다음과 같은 식(7.3)으로 전환된다.

$$\sigma_i^2 = \sigma_m^2 + \sigma^2(e_i) \quad (7.3)$$

특정 주식(i)의 수익률 분산 = 공통요인에 의한 변동 +
기업 고유 요인에 의한 변동

식(7.3)에서 공통 요인 σ_m^2과 기업 고유 요인 $\sigma^2(e_i)$ 간의 관계는 독립적이므로 i주식 수익률과 j주식 수익률 간의 공분산 $Cov(r_i, r_j)$은 다음과 같은 식으로 나타낼 수 있다.

$$\begin{aligned} Cov(r_i,\ r_j) &= Cov(m + e_i,\ m + e_j) \\ &= \sigma_m^2 \end{aligned} \quad (7.4)$$

그러나 서로 다른 두 종목은 거시경제적인 충격 시 한 주식은 다른 주식에 비해 민감하게 반응할 수 있다. 예를 들어 전체 경기흐름에서 자동차주는 제약주에 비해 보다 더 민감하게 반응할 수 있다. 이러한 반응의 차이를 고려하여 개별기업의 반응정도를 β(베타 값)로 표시한다. 이 베타β를 고려한 식(7.2)은 다음과 같은 수정 단일요인모형(single factor model)으로 전환된다.

$$r_i = E(r_i) + \beta_i m + e_i \tag{7.5}$$

특정주식 수익률 = 특정 주식의 기대수익률 + 반응계수×공통요인 변수 + 우연한 교란 변수

식(7.5)은 i주식의 수익률 r_i에 영향을 미치는 거시경제적인 요인이 미치는 영향은 베타 β_i에 의해 잡히고 있다는 것을 나타내고 있다. 경기순환에 대한 특정 주식수익률의 반응 정도는 거시경제적인 쇼크에 대해 어느 정도 반응하는가를 나타낸다. 따라서 다음 식(7.6)과 같이 특정 주식(i)의 체계적 리스크는 $\beta_i^2\sigma_m^2$ 로, 전체 리스크 σ_i^2으로 나타낼 수 있다.

$$\sigma_i^2 = \beta_i^2\sigma_m^2 + \sigma^2(e_j) \tag{7.6}$$

특정 주식의 전체 리스크 = 특정 주식의 체계적 리스크 + 특정 주식의 기업고유 리스크

특정 주식(i)수익률과 다른 주식(j) 수익률간의 공분산 역시 베타에 의해 결정되는 식으로 유도할 수 있으므로 다음 식(7.7)으로 나타낸다.

$$\begin{aligned} Cov(r_i,\ r_j) &= Cov(\beta_i m + e_i,\ \beta_j m + e_j) \\ &= \beta_i \beta_j \sigma_m^2 \end{aligned} \tag{7.7}$$

식(7.7)은 체계적 리스크와 개별기업 간 긴밀한 대체관계에 있음을 의미한다. 만약 베타들 β_i β_j이 모두 같다면 주식은 모두 동일한 시장 포지션을 제공한다.

지금까지의 설명은 주식 수익률의 결합 정규분포를 가진 통계적인 특성을 전제하였다. 따라서 주식수익률에 대한 정규분포 특성으로부터 포트폴리오 수익률 또한 정규분포를 가진다. 특정 주식수익률과 공통 요인 간에는 선형관계가 성립하므로 포트폴리오 분석을 단순화시키는 강점을 가지고 있다.

그러나 이 분석 방법도 공통요인을 실증적으로 확인하기 어려운 문제점과 투자기간별로 작용하는 행태에 대해 설명해 주지 못하는 단점을 가지고 있다. 따라서 공통 요인을 대신하는 적절한 대리변수를 찾아야 하는 과제를 안고 있다.

02 단일지수모형

잘 설명된 단일지수모형을 만들기 위해서는 거시경제적인 요인변수를 대표하는 적합한 대용변수(proxy)를 찾아야 한다. 보통 사용하는 대용변수는 시장지수수익률을 이용한다. 이와 같이 시장지수수익률로 설명하는 모형을 단일지수모형(single index model)이라고 부른다.

단일지수모형의 회귀방정식

한국증시의 경우, 특정 주식수익률을 관찰할 수 있는 주식 포트폴리오로는 코스피지수를 이용한다. 시장지수는 거시경제적인 공통요인에서 발생하는 체계적 리스크를 추정하는 자료로 보는 것이다.

시장지수의 초과수익률(R_m)은 위험자산수익률인 시장지수변화율 r_m에서 무위험자산수익률 r_f를 뺀 것으로 다음과 같이 정의한다.

$$R_m = r_m - r_f$$

시장지수 변화율(수익률 변화율)의 표준편차(변동성)를 σ_m 으로 표시하면 지수모형은 다음과 같은 일차선형함수(7.8)로 나타낸다.

$$R_i(t) = \alpha_i + \beta_i R_m(t) + e_i(t) \tag{7.8}$$

특정 주식의 초과수익률 = 알파 + 베타×지수의 초과수익률 + 교란 항

$e_i(t)$은 특정주식수익률에서 예상하지 못한 기업고유 교란 요인을 의미하는 잔차(殘差) 항이다. 상기 식(7.8)에서 교란 요인 $e_i(t)$의 기대 값은 제로(0)이다.

베타계수의 측정과 의미

시장지수에 대한 개별주식의 민감도는 식(7.8)의 회귀분석을 통해 베타 β을 추정한다. 회귀 방정식을 추정하기 위해 개별주식의 초과수익률 R_i과 시장지수의 초과수익률 R_m을 표본에서 수집한다.

식(7.8)에서 (t)는 변수의 시계열을, 알파(α)는 절편을 나타낸다. 알파는 시장지수의 초과수익률 R_m이 제로(0)일 때 개별증권의 초과 기대수익률을 의미한다.

회귀식의 기울기는 개별주식의 베타 β_i로서 시장지수 수익률에 대한 개별주식 수익률의 민감도 계수이다. 베타 β_i가 크면 클수록 개별주식수익률이 지수수익률 변동보다 더 크게 변동한다는 것을 의미한다. 다시 말해서 베타는 시장지수 수익률 R_m이 1% 상승(또는 하락) 시, 개별 주식수익률 R_i이 1% 이상 또는 그 이하로 상승하는 반응 정도를 나타낸다.

기대수익률과 베타의 관계

식(7.8)에서 기대지수수익률 $E[R_i, (t)]$과 베타 간의 관계로 전환시키기 위해 특정 주식기대수익률 $R_i,(t)$에 대해 기대 조작(E-operation)을 하면 다음과 같다.

$$E[R_i, (t)] = E[\alpha_i + \beta_i R_m(t) + e_i(t)]$$
$$E[R_i, (t)] = E[\alpha_i] + \beta_i E[R_m(t)] + E[e_i(t)]$$

상기 식에서 알파 α_i와 베타 β_i는 계수(확정변수로서의 계수)이므로 그대로 두고, 기타 남은 변수 $R_i(t)$와 $R_m(t)$를 기대변수로 나타내면 다음과 같이 도출된다.

$$E[R_i, (t)] = \alpha_i + \beta_i E[R_m(t)] \tag{7.9}$$

특정 주식의 리스크 프리미엄 =
비시장프리미엄 + 개별주식 민감도×시장지수의 리스크 프리미엄

특정주식의 초과수익률 =
비시장프리미엄 + 개별주식의 민감성×시장지수의 초과수익률

베타

상기 식(7.9)에서 잔차 항 $e_i(t)$의 기대치는 $E[e_i(t)] = 0$이다. 특정 주식기대수익률 $E[R_i, (t)]$과 베타 β_i 간의 관계는 식(7.9)으로 정리됨으로써 개별주식의 초과 기대수익률 $E[R_i(t)]$은 시장지수의 초과 기대수익률 $E[R_m(t)]$과 베타 β_i에 의존한다는 것을 알 수 있다.

특정주식의 초과 기대수익률은 시장지수 초과 기대수익률이 주어졌을 때 베타 값에 따라 좌우되는 것을 볼 수 있다. 베타 값이 크면 클수록 특정주식의 초과 기대수익률은 크게 변동한다는 것을 예상할 수 있다. 이와 같

이 시장 리스크 프리미엄은 거시경제 상황을 대변하는 대용변수이며 베타는 전체 시장의 특성을 나타내는 시장 리스크 프리미엄에서 얻어진 것이다.

알파

식의 우변에 있는 알파 α_i는 비시장프리미엄으로서 예를 들면 개별주식 가격이 시장지수의 변화에 비해 과도하게 떨어져 저평가됐다면 알파 α_i 계수는 큰 값을 나타내며 투자자에게는 매력적인 기대수익을 예상할 수 있다.

단일지수모형과 리스크 공분산

단일지수모형에서 리스크의 공분산 수는 마르코비치모형에서 나타난 공분산 수보다 현저히 줄어드는 것을 알 수 있다.

식(7.9)에서 체계적 요인과 기업 고유요인 및 주식들 간의 공분산을 얻는다. 분산과 공분산은 모두 증권 베타와 시장지수의 특성에 의해 결정된다.

$$\sigma_i^2 = \beta_i^2\ \sigma_m{}^2 + \sigma^2(e_i)$$

리스크(분산) = 베타×체계적 리스크(시장지수 리스크) + 기업 고유 리스크

$$Cov(r_i\ r_j) = \beta_i\ \beta_j\ \sigma_m{}^2$$

공분산 = 개별증권 베타×시장지수 리스크

$$\begin{aligned} Cov(r_i\ r_j) &= [\beta_i\ \beta_j\ \sigma_m{}^2\ ]\ /\ [\sigma_i\ \sigma_j] \\ &= [\beta_i\ \sigma_m^2\ \ \beta_j\ \sigma_m^2]\ /\ [\sigma_i\ \sigma_m\ \sigma_j\ \sigma_m\ ] \\ &= Cov(r_i,\ r_m) \times Cov(r_j,\ r_m) \end{aligned}$$

공분산 = 시장지수와의 공분산의 곱

지수모형과 분산투자

앞에서 설명한 지수모형은 샤프(Sharpe)형 지수모형(index model)에 속하며 포트폴리오 분산에 대한 통찰력을 제공한다. n종목을 동일 비중으로 분산한 포트폴리오를 가정할 때 개별주식의 초과수익률은 다음 식에서 출발한다.

$$R_i = \alpha_i + \beta_i R_m + e_i \tag{7.10}$$

특정주식 초과수익률 = 알파 + 베타 × 지수초과수익률 + 교란 요인

이제 주식 포트폴리오의 초과수익률을 상기 식으로 나타내면 다음과 같다.

$$R_p = \alpha_p + \beta_p R_m + e_p \tag{7.11}$$

식(7.11)에서 포트폴리오에 편입되는 주식 종목의 수가 많아지게 되면 비(非)시장 요인에 의한 포트폴리오 리스크의 크기는 점점 작아질 것이다.

비(非)시장 요인에 의한 포트폴리오 리스크는 분산효과에 의해 사라진다. 그러나 시장 리스크 중 일부는 편입되는 주식종목의 수와 관계없이 그대로 남는다.

다음은 비(非)시장 요인에 의한 포트폴리오의 리스크 감소 효과를 보기 위해 일단 포트폴리오에 편입되는 개별주식의 비중 W_i 이 모두 동일하다는 가정아래 출발한다. 하기 식을 이용해 R_i 대신 $(\alpha_i + \beta_i R_m + e_i)$을 대입하면 다음과 같이 변형시킬 수 있다.

$$\begin{aligned} R_p &= \Sigma W_i R_i \\ &= (1/n)\ \Sigma R_i \\ &= (1/n)\ \Sigma(\alpha_i + \beta_i R_m + e_i) \end{aligned}$$

$$= (1/n)\ \Sigma\, \alpha_i + [(1/n)\, \Sigma\, \beta_i]\, R_m + (1/n)e_i \tag{7.12}$$

식(7.12)과 식(7.11)에서 시장에 대한 포트폴리오의 민감도는 다음과 같이 도출된다.

$$R_m = (1/n)\, \Sigma \beta_i \tag{7.13}$$

식(7.13)에서 시장에 대한 포트폴리오의 민감도 R_m는 시장에 대한 개별주식의 평균 민감도 $(1/n)\Sigma\beta_i$과 같다. 또한 상수(절편)는 다음 식 (7.14)으로 개별주식의 평균 알파 α_i을 가진다.

$$\alpha_p = (1/n)\ \Sigma \alpha_i \tag{7.14}$$

또한 여기서 기업 고유의 평균 교란요인은 다음 식(7.15)로 나타내고 이를 고려한 포트폴리오 분산은 다음과 같은 식(7.16)이 나온다.

$$e_p = (1/n)\ \Sigma e_i \tag{7.15}$$

$$\sigma_p^2 = \beta_p^2\ \sigma_m^2 + \sigma^2(e_p) \tag{7.16}$$

포트폴리오 분산 = 체계적 리스크 + 비체계적 리스크

이제 식(7.16)에서 포트폴리오 분산 σ_p^2 의 체계적 리스크 $\beta_p^2\ \sigma_m^2$는 시장의 움직임 σ_m^2과 베타 β_p^2에 의해 결정된다는 것으로 정리할 수 있다. 다시 말해서 포트폴리오 분산의 체계적 리스크는 포트폴리오 베타와 시장지수의 분산에 의해 결정되며 포트폴리오를 구성했다고 해서 포트폴리오의 위험이 완전히 소멸되는 것은 아니라는 것을 알 수 있다.

포트폴리오 분산의 체계적 리스크는 포트폴리오를 분산 투자해도 일부 남게 된다. 이것은 포트폴리오에 편입되는 종목 수와 상관없이 포트폴리오의 체계적 리스크에 반영된다.

포트폴리오의 비체계적 리스크는 $\sigma^2(e_p)$으로 나타낸다. 비체계적 리스크 $\sigma^2(e_p)$는 기업 고유 요인에 의해 일어난 리스크로서 포트폴리오에 편입된 종목 수의 증가를 통해 완전히 소멸시킬 수 있다. 따라서 분산 가능한 리스크(diversifiable risk)라고 부른다.

이것을 보기 위해 $\sigma^2(e_p)$의 통계적 특성을 보면 확률적인 교란 요인 (e_p)이 상호 독립적이고 기대 값은 제로(0)이면 다음과 같은 식(7.17)이 성립한다.

$$\begin{aligned}\sigma^2(e_p) &= \Sigma(1/n)^2\,\sigma^2(e_i) \\ &= (1/n)\,\sigma^2(e)\end{aligned} \tag{7.17}$$

식(7.17)에서 볼 수 있는 바와 같이 포트폴리오 편입 종목 수 $(1/n)$가 증가해 가면 기업 고유요인에 의해 발생한 분산은 점차 감소하는 것을 볼 수 있다. 포트폴리오에 편입하는 종목 수를 무한대로 늘리면 기업 고유요인에 의해 발생한 분산을 최소화시킬 수 있다.

03 포트폴리오 구성과 단일지수모형

단일지수모형의 장점은 마르코비츠(Markowitz)모형에서와 같이 많은 개별주식의 리스크 프리미엄을 일일이 추정하지 않고 최적 포트폴리오에 중요한 입력 자료를 쉽게 작성할 수 있다는 점과 거시경제적인 분석 틀(framework)을 이용하는 점이다.

앞에서 살펴본 대로 단일지수모형은 리스크의 원천을 두 요인으로 구분해 분석하고 분석자들 간에 일관성을 유지하는 장점을 가진다.

알파와 증권 분석

지금까지 배운 단일지수모형을 통해 다음과 같은 입력 자료 목록을 작성할 수 있다. ① 거시경제 분석을 이용하여 지수 리스크와 리스크 프리미엄을 추정한다. ② 개별 증권의 베타계수와 그 잔차의 분산을 추정한다. ③ 시장지수의 리스크 프리미엄과 베타계수를 사용하여 주식분석에 대한 도움 없이 특정주식의 기대수익률을 정할 수 있다. ④ 주식 고유의 기대수익률 예측치는 여러 평가모형을 통해 얻을 수 있다. 다시 한번 식(7.9)으로 돌아와 점검해 보자.

$$E[R_i, (t)] = \alpha_i + \beta_i E[R_m(t)]$$

개별주식 리스크 프리미엄
= 비시장 프리미엄 + 리스크 프리미엄에 대한 개별주식의 민감성 ×
시장지수의 리스크 프리미엄

상기 식에서 볼 수 있는 바와 같이 증권분석에 영향을 받지 않는 개별증권 리스크 프리미엄은 $\beta_i E[R_m(t)]$이다. 개별증권 리스크 프리미엄은 개별증권의 시장지수를 따라가는 움직임의 진폭에 의존한다. 알파 α_i를 초과하는 기대수익률 즉 벤치마크 리스크 프리미엄 이상을 초과하는 기대수익률은 비(非)시장요인에서 발생한 것이다.

증권분석의 최종 결과는 알파 값이다. 베타계수의 추정은 표준화돼 잘 알려져 있다. 포트폴리오 구성에서 보면 알파(α_i)값은 여러 기대수익률의 구성 요인을 내포한 변수로서 우량주식과 불량주식을 가늠하는 결정적인 변수다.

양(+)의 알파를 가진 증권은 시장지수를 따라가는 추세 이상의 프리미엄을 제공한다는 것을 암시한다. 적극적인 투자자는 이런 유형의 증권을 포트폴리오에서 많이 편입함으로써 기대수익률을 올릴 수 있다. 반대로

음(−)의 알파를 가진 증권은 주식가격이 과도하게 비싼 상태임을 의미하므로 다른 조건이 같다면 그 주식의 편입비중을 줄인다.

다른 투자자산 유형의 인덱스 포트폴리오

포트폴리오의 최적화는 단일지수모형을 통해 최적 리스크 포트폴리오를 달성한다. 포트폴리오의 최적화에서 먼저 인덱스 포트폴리오의 역할을 보자.

단일지수모형에서 볼 때 투자자들은 포트폴리오에 편입하는 주식 종목에 대해 정보수집과 시간 등의 비용이 소요된다. 이러한 비용을 절약하려는 소극적 투자자들은 증권분석 없이 운용되는 포트폴리오에 관심을 가질 수 있다. 이러한 투자자에게 제격인 소극적 포트폴리오는 높은 비용이 들어가는 증권분석 없이 광범위한 시장 노출을 제공한다고 볼 수 있다. 그러나 비용이 많이 소요되는 분석을 요구하는 적극적인 포트폴리오 구성은 높은 기대수익률을 얻고자 하는 만큼 높은 리스크를 감수해야 한다.

단일지수모형의 입력자료 목록

소극적인 포트폴리오는 시장지수 포트폴리오로서 하나의 포트폴리오를 구성하는 것이며 여기에 필요한 입력자료 목록은 아래의 추정치를 포함한다.

① 코스피지수에 따라 하는 포트폴리오의 리스크 프리미엄

② 코스피지수에 따라 하는 포트폴리오의 표준편차

③ n개 종목의 베타계수와 잔차 분산 및 알파의 추정치

최적화 과정의 요약 정리

증권 분석이 완성되고 증권의 지수모형 추정치와 시장지수 파라미터(parameter)가 정해지면 최적 리스크 포트폴리오는 다음과 같은 과정에 따

라 구성된다.

먼저 ① 각 증권의 초기 포지션은 식 $w_i^0 = \alpha_i / \sigma^2(e_i)$ 을 통해 계산한다. ② 초기 포지션은 포트폴리오의 구성비율의 합계가 1이 되도록 조정한다. 조정 계산 방식은 $w_i = w_i^0 / \Sigma w_i^0$ 을 이용한다. ③ 적극적 포트폴리오의 알파를 계산하며 알파는 $\alpha_a = \Sigma w_i \ \alpha_i$ 을 통해 얻는다. ④ 적극적 포트폴리오의 잔차 분산을 계산한다. 잔차 분산은 $\sigma^2(e_a) = \Sigma w_i \ \sigma^2(e_i)$을 통해 얻는다. ⑤ 적극적 포트폴리오의 초기 포지션을 계산한다. 초기 포지션은 $w_a^0 = [\alpha_a/\sigma^2(e_a)] / [E(R_m) / \sigma_m^2]$으로 계산한다. ⑥ 적극적 포트폴리오의 베타를 계산한다. 베타는 $\beta_a = \Sigma w_i \beta_i$을 이용한다. ⑦ 적극적 포트폴리오의 초기 포지션을 조정한다. 조정 방식은 $w_a^* = w_a^0 / [1 + (1-\beta_a) w_a^0]$을 이용한다. ⑧ 최적 리스크 포트폴리오는 이제 다음의 구성비율을 가진다 : $w_m^* = 1 - w_a^*$: $w_i^* = w_a^* w_i^*$ ⑨ 인덱스 포트폴리오의 리스크 프리미엄과 적극적 포트폴리오의 알파로부터 최적 리스크 포트폴리오의 리스크 프리미엄을 계산한다.: $E(R_p) = (w_m^* + w_a^* \ \beta_a) E(R_m) + w_a^* \alpha_a$ ⑩ 인덱스 포트폴리오의 분산과 적극적 포트폴리오의 잔차 분산으로부터 최적 리스크 포트폴리오의 분산을 계산한다.: $\sigma_p^2 = (w_m^* + w_a^* \ \beta_a)^2 \ \sigma_m^2 + [w_a^* \ \sigma(e_a)]^2$

제8장

자본자산가격결정모형과 단일요인모형

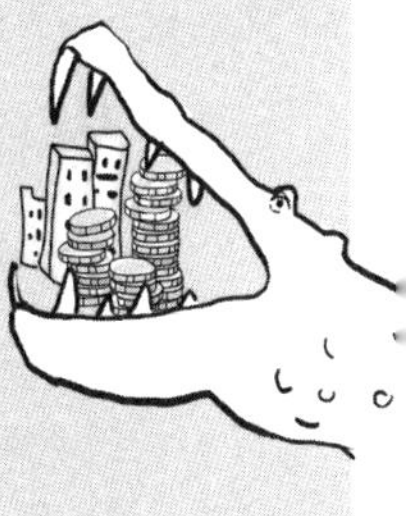

자본자산가격결정모형(capital asset pricing model, CAPM)은 Harry Markowitz가 현대 포트폴리오이론을 1952년 개발한 이후 William Sharp, John Lintner, Jan Mossin 등의 학자들에 의해 개발된 이론으로서 리스크(risk)와 수익률 간의 관계를 설명한다.

이 관계는 두 가지 기능을 수행한다. 첫째는 위험자산의 예상균형수익률(expected equilibrium return)을 추정하는 틀을 제공한다. CAPM은 가능한 투자평가에서 기준 수익률(benchmark rate of return)에 대한 정보를 제공한다. 두 번째는 특정 주식의 위험이 주어진 경우 기준수익률 중심으로 해당 주식의 예상수익률에 대한 판단과 아직 거래되지 않은 주식의 예상수익률을 추정하는 이론적인 틀을 제공한다. CAPM을 통해 적정 기대수익률을 예측함으로써 최소한의 필수수익률을 구하며 균형상태에서는 필수 수익률과 기대수익률이 같아지는 속성에 따라 투자자들은 기대수익률이 적정수익률보다 높을 때 자산을 매입하게 된다. 비록 실증분석에 의해 CAPM이 완벽하게 지지된 것은 아니지만 이론이 가지는 통찰이나 다양한 응용에 대한 적합성으로 인해 폭넓게 활용되고 있다.

이 장에서는 먼저 자본자산가격결정모형을 설명하고 다음으로 자본자산가격결정모형의 단점을 보완한 단순한 단일요인모형을 설명하고 있다.

01 자본자산가격결정 모형

CAPM이란 리스크 자산(risk asset)의 예상 균형수익률을 추정하는 것이다. CAPM은 다음과 같은 몇 가지 가정 하에서 출발한다.

첫째, 모든 투자자는 기대수익률과 위험을 고려하여 투자를 결정한다고 가정한다. 기대수익률이 일정하면 위험이 가장 낮은 포트폴리오를 선택하고 위험이 일정할 때에는 가장 높은 기대수익률을 가져오는 포트폴리오를 결정한다.

둘째, 자본시장은 완전 경쟁적인 시장이라고 가정한다. 시장 참가자는 모두 가격 형성에 영향을 미치지 못하는 가격수용자(price taker)들이라고 가정한다.

셋째, 모든 정보는 모든 투자자에게 즉시 전달되어 정보의 효율성이 보장되고 있으며 정보비용은 전혀 발생하지 않는다고 가정한다. 정보의 효율성 보장으로 거래비용이나 투자과실에 대해 세금을 부과하지 않는다고 가정한다.

넷째, 투자기간은 모두 동일하다고 가정한다.

다섯째, 거래되지 않는 금융자산은 제외된다. 거래되는 모든 자산은 대체 가능하고 분리할 수 있으며 무위험이자율로 누구나 차입, 대여할 수 있다.

여섯째, 모든 투자자들은 자산수익률의 확률 분포에 대해 동질적인 예측

(homogeneous expectation)을 가정한다.

지금까지 소개한 가정들은 CAPM이론이 현실을 무시한 가정이지만 분석의 통찰력을 제공한다는 점에서 의미를 가진다. CAPM을 설명하기에 앞서 먼저 내용을 정리해 보기로 한다.

① 모든 투자자들은 시장 포트폴리오(market portfolio: m)의 자산구성비율에 따라 위험자산 포트폴리오를 보유하려고 한다. 시장포트폴리오의 개별자산 구성비는 개별주식 시장가치를 전체 주식의 총 시장가치로 나눈 것이다.

② 시장포트폴리오는 효율적 프런티어(efficient frontier)에 놓여 있을 뿐만 아니라 최적 자본배분선과 접한 포트폴리오(tangency portfolio to the optimal capital allocation: CAL)에서 이루어진다. 그 결과 자본시장선(capital market line: CML), 즉 시장포트폴리오 m을 통과하는 무위험금리수준을 지나는 선 역시 최적 자본배분선(best attainable capital allocation line)이다. 모든 투자자들은 m점을 최적 위험자산 포트폴리오(optimal risky portfolio)로 간주한다.

③ 시장포트폴리오에서의 리스크 프리미엄은 시장포트폴리오의 리스크 σ_m^2와 대표투자자의 리스크 기피도 $\overline{A}$에 비례한다. 이를 식으로 표현하면 다음과 같다.

$$[E(r_m) - r_f] = \overline{A}\sigma_m^2 \times 0.01$$

[시장포트폴리오의 기대수익률 − 무위험수익률]
= 평균 위험기피도 × 시장포트폴리오 분산 × 0.01

또는

[시장포트폴리오의 리스크 프리미엄]
= 평균 위험기피도 × 시장포트폴리오 분산 × 0.01

상기 식에서 σ_m^2은 시장포트폴리오의 분산, $\overline{A}$은 투자자들의 위험기피도의 평균치다. 0.01은 제7장에서 설명한 바 있는 규모 요소(scale factor)를 말한다. σ_m^2은 시장 전체의 체계적 위험이다.

④ 개별자산의 리스크 프리미엄은 시장포트폴리오의 리스크 프리미엄과 시장포트폴리오에 대한 개별증권의 베타 값에 비례한다. 베타계수 $\beta_i = Cov(r_i, r_m) / \sigma_m^2$를 정의하면 개별증권의 리스크 프리미엄은 다음과 같다.

$$E(r_i)-r_f = [Cov(r_i,\ r_m)/\sigma_m^2\ ]\ /\ [E(r_m)\ -\ r_f] = \beta_i\ [E(r_m)\ -\ r_f]$$

i주식 기대수익률 −무위험수익률
= { i주식과 시장포트폴리오의 기대수익률의 공분산 } / [시장포트폴리오의 분산 / [시장포트폴리오의 기대수익률−무위험수익률]
= i 주식의 베타 값× [시장포트폴리오의 기대수익률−무위험수익률]

i주식의 리스크 프리미엄
= i주식의 베타 값× [시장포트폴리오의 기대수익률 − 무위험수익률]

i주식의 위험 보상 수익률
= i주식의 베타 값× [시장수익률 대비 초과수익률]

자본자산가격결정모형에서 얻는 가장 중요한 단서는 모든 투자자들이 나름대로 모든 정보를 분석하여 효율적 포트폴리오를 결정하기 때문에 결국 최적 포트폴리오에 도달하게 된다는 것이다. 최종적으로 도달한 최적 포트폴리오는 시장 포트폴리오가 같아지므로 동 최적 포트폴리오를 시장 포트폴리오라고도 부른다.

시장 포트폴리오는 시장에서 거래되는 모든 자산을 포함한다. 시장 포트폴리오에서 개별자산이 차지하는 비율은 시장 전체의 시가총액에서 개별자산의 시가총액이 차지하는 비율이 된다. 시장 포트폴리오는 이론적으로 모든 자산을 포함하지만 실제로 구성하는 시장 포트폴리오는 모든 자산을 포함시킬 수 없으므로 시장 전체를 대표하는 종합주가지수를 시장포트폴리오의 대용(proxy) 지표로 사용한다.

모든 투자자들이 시장 포트폴리오를 보유하는 이유

시장 포트폴리오란 무엇인가? 모든 투자자들의 포트폴리오를 전체적으로 집계하면 차입과 대출은 서로 상계되고 합산된 전체 리스크 포트폴리오의 가치는 전체 경제권의 부와 같아지게 된다. 이것이 시장 포트폴리오 m이다.

이 시장 포트폴리오에 포함된 각 주식의 비중은 그 주식의 시장가치를 모든 주식의 시장가치의 합계로 나눈 것이다. CAPM에 의하면 투자자 개인들은 포트폴리오 최적화를 위해 모두 시장 포트폴리오와 구성이 동일한 포트폴리오를 선택하게 된다.

앞서 서술한 가정에 따르면 투자자들은 모두 [그림 8.1]에 나타난 것과 같이 최적 포트폴리오를 선택하게 되는 결론에 도달하게 되는데 이 포트폴리오는 무위험자산 수익률에서 연결되는 접선이 효율적 프런티어와 접하는 포트폴리오(m)가 된다.

이것은 개개 투자자들이 보유하고 있는 리스크 포트폴리오에 포함된 특정 개별주식의 비중이 1%라고 가정하면 시장 포트폴리오에서도 특정 개별주식의 비중이 1%라는 것을 의미한다. 이 원리는 개개 투자자의 리스크 포트폴리오에 포함되는 어떤 주식에 대해서도 적용된다. 그 결과 모든 투자자들에게 있어서 최적 리스크 포트폴리오는 [그림 8.1]의 시장 포트폴리오(m)의 일부분이다.

이상의 논의에서 모든 투자자들이 동일한 리스크 포트폴리오를 보유한다면 이 포트폴리오는 시장 포트폴리오 m일 수밖에 없다는 결론에 이른다. 그러나 우리는 이 결론과 증권시장의 균형화 과정과의 관계를 밝히는 것이 중요하다.

[그림 8.1] 효율적 프런티어와 자본시장선

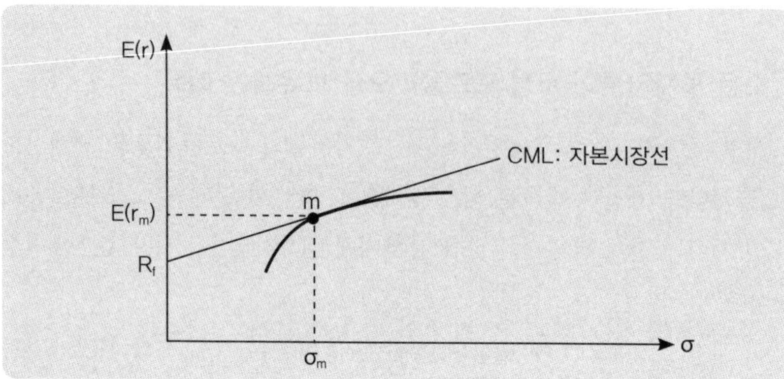

자본시장선(CML)은 기대수익률과 위험의 관계를 설명하는 선이고, *m*점은 시장 포트폴리오다. 최적 포트폴리오를 나타내는 시장 포트폴리오는 자본시장선과 효율적 프런티어가 접점을 이룬 점에서 성립한다. *m*점은 리스크 포트폴리오 중에서 유일한 효율적 포트폴리오가 된다.

소극적 투자전략이 효율적이다

자본시장선(CML)은 무위험자산과 시장 포트폴리오로 구성한 자본배분선으로 정의하였다. 자본자산가격결정모형에 의하면 *m*점은 효율적 프런티어와 접하는 최적 포트폴리오(optimal tangency portfolio on the efficient frontier)다.

이 시나리오에서 모든 투자자들이 보유한 시장포트폴리오는 증권 전반에 대한 관련 정보를 모두 분석한 동일한 투입자료에 기초한 것이다. 이것은 투자자들이 특별한 분석을 하지 않고 단순히 시장포트폴리오를 보유함으로써 효율적 포트폴리오를 획득한다는 것을 의미한다.

이와 같이 시장지수 포트폴리오에 따라 투자하는 소극적 투자전략이 효율적이다. 이런 이유로 그 결과를 뮤추얼 펀드 공리(mutual fund theorem)라고 부른다.

모든 투자자들이 시장지수 뮤추얼펀드를 선택한다면 포트폴리오 선택은 기술적 문제와 전문매니저에 의한 뮤추얼펀드의 창출 및 투자자의 위험회피 문제 그리고 뮤추얼펀드와 무위험자산의 포트폴리오 배분만 남는다.

그러나 현실에서 전문매니저들은 시장지수와 다른 포트폴리오를 만들 수 있으며 이것은 최적 리스크 포트폴리오 정보에서 다른 투입 목록의 사용에 기여한다. 그럼에도 불구하고 실천적인 중요성은 소극적 투자자들이 시장지수를 효율적 포트폴리오에 가장 적합한 합리적인 접근으로 본다는 점이다.

시장 포트폴리오의 리스크 프리미엄

이미 설명한 바와 같이 포트폴리오 m의 균형 리스크 프리미엄 $[E(r_m) - r_f]$은 투자자들 전체의 평균 리스크 회피도와 시장포트폴리오의 리스크 σ_m에 비례한다. 이에 대해 설명하면 개별 투자자들은 최적 포트폴리오 m 점에서 자산배분을 선택하므로 다음과 같이 산출한다.

$$y = [E(r_m) - r_f] / 0.01 \times A \times \sigma_m^2$$

위험자산 배분비율 = 시장포트폴리오의 초과수익률 / 0.01×평균 리스크 회피도×시장포트폴리오 리스크

또는

위험자산 배분비율 = 시장포트폴리오 리스크 프리미엄 / 0.01 × 모든 투자자의 리스크 회피도 평균치 × 시장포트폴리오 리스크

CAPM에서는 투자자간의 차입과 대부가 가능하다는 것을 전제하므로 차입 포지션은 대출 포지션과 서로 상계된다. 따라서 차입과 대출의 대차는 투자자 전체를 포괄하면 제로(0)가 된다. 최종적으로 리스크 포트폴리오의 평균 포지션은 $\bar{y}$ = 1(100%)이 된다. 따라서 $\bar{y}$ = 1을 상기 식에 대입하면 다음과 같은 식으로 전환된다.

$$1 = [E(r_m) - r_f] \ / \ 0.01 \times A \times \sigma_m^2$$

상기 식을 정리하면 시장포트폴리오의 리스크 프리미엄은 다음과 같다.

$$[E(r_m) - r_f] = 0.01 \times A \times \sigma_m^2$$

시장포트폴리오의 리스크 프리미엄 = 0.01×모든 투자자의 리스크 회피도 평균치 × 시장포트폴리오 리스크

위의 식에서 시장포트폴리오 리스크 프리미엄은 위험기피도에서 분산에 연관되고 있다는 것을 확인할 수 있다.

Exercises 소극적 투자자와 적극적 투자자

소극적인 투자자와 적극적인 투자자의 분류에서 소극적 투자자는 증권분석 등의 적극적인 정보입수를 하지 않는 투자자이기 때문에 포트폴리오를 시장포트폴리오로 구성한다. 반면 적극적 투자자는 증권분석과 마르코비츠 알고리즘(Markowitz algorithm)을 사용해 최적 자산을 구성한다.

소극적 투자자는 시장포트폴리오 구성이 최적이라고 생각하므로 시장포트폴리오의 구성비율에 따라 주식을 편입하며 기대수익률의 제고 없이 분산투자의 효율성을 평균수준에서 만족하는 것과 같다. 이와 같은 방식

에 따르면 리스크 회피정도는 다음과 같이 계산된다.

$$\bar{A} = [E(r_m) - r_f] \,/\, [\sigma_m^2 \times 0.01]$$
$$= 8.2 \,/\, [20.6^2 \times 0.01]$$
$$= 1.93$$

투자자의 리스크 회피정도가 $\bar{A} = 3.5$이면 상기 식에서 시장포트폴리오의 리스크 프리미엄은 다음과 같이 산출된다.

$$[E(r_m) - r_f] = \bar{A}\sigma_m^2 \times 0.01$$
$$= 3.5 \times 20.6^2 \times 0.01$$
$$= 14.9\%$$

예를 들어 보자. 현대와 기아자동차 주식의 투자구성비 W_H, W_K에서 포트폴리오의 베타 β_p는 다음과 같이 산출된다.

$$\beta_p = W_H\,\beta_p + W_K\,\beta_p = 0.75 \times 1.25 + 0.25 \times 1.10 = 1.2125$$

시장리스크 프리미엄이 8% 일 때, 시장포트폴리오의 리스크 프리미엄은 다음과 같이 산출된다.

$$[E(r_m) - r_f] = \beta_p\,[E(r_m) - r_f] = 1.2125 \times 8 = 9.7\%$$

부록 시장 포트폴리오

시장 포트폴리오 m에서 위험자산 투자비율 w_i과 무위험자산의 투자비율 $(1-w_i)$에서 시장포트폴리오의 기대수익률 $E(r_m)$은 다음과 같다.

$$E(r_m) = w_i E(r_m) + (1- w_i) r_f$$

시장포트폴리오 m의 위험 σ_m은 다음과 같다.

$$\sigma_p = w_i \sigma_m$$

자본시장선의 기울기는 $dE(R_p) / d\sigma_p = [E(R_m)-R_f] / \sigma_m$로서 w_i에 관계없이 일정하며 직선임을 알 수 있다. 또한 절편은 R_f 이므로 결국 $E(R_p) = R_f + \{[E(R_m)-R_f] / \sigma_m\}/\sigma_p$가 된다.

$$w_i = [\ \sigma_p / \sigma_m\ ]$$

$$\begin{aligned} E(R_p) &= w_i E(R_m) + R_f - w_i R_f \\ &= w_i E(R_m) - w_i R_f + R_f \\ &= [E(R_m)-R_f] w_i + R_f \\ &= [E(R_m)-R_f][\ \sigma_p / \sigma_m\ ] + R_f \end{aligned}$$

$E(R_p)$: 효율적 포트폴리오의 기대수익률
R_f : 무위험수익률
$E(R_m)$: 시장포트폴리오의 기대수익률
σ_m : 시장포트폴리오 수익률의 표준편차
σ_p : 효율적 포트폴리오 수익률의 표준편차

균형의 특성

균형점 m은 자본시장선의 수직 절편에 해당하는 무위험이자율 R_f 로서 이 이자율은 현재소비의 희생에 대한 시간 보상(reward for time)을 나타내고 다음은 자본시장선의 기울기로서 기울기 $[E(R_m)-R_f]/\sigma_m$는 위험 한 단위 추가 선택에 대한 보상(reward for unit of risk borne)을 나타낸다. 여기서 위험 한 단위 추가 선택에 대한 보상은 위험의 시장가격(market price of risk)이라고 부른다.

다음과 같은 균형에 있을 때 투자자의 투자 전략과 감당할 수 있는 위험을 궤적인 수치를 통해 살펴보자. 이제 $E(R_m) = 20\%$, $R_f = 10\%$, $\sigma_m = 10\%$, 투자자금 = 1,000,000원, 목표수익률 = 30% 가정한다. 상기 수치를 아래 식에 대입하면 다음과 같다.

$$E(R_p) = w_i\ E(R_m) + (1-w_i)R_f = w_i\ 0.20 + (1-w_i)\ 0.10 = 0.30$$
$$w_i\ 0.20 + 0.10 - w_i\ 0.10 = 0.30$$
$$w_i = 2$$

위의 식에서 볼 수 있는 바와 같이 투자자금 1,000,000원을 차입하여 총 2,000,000원을 시장포트폴리오로 구성하면 목표수익률 30%를 달성할 수 있다. 이 때 포트폴리오 위험은 20%가 된다는 것을 다음 식에서 알 수 있다.

$$\sigma_p = w_i\ \sigma_m = 2 \times (0.10) = 0.20(20\%)$$

대출 포트폴리오와 차입 포트폴리오

투자결정이 [그림 8.1]에서 R_f 과 m점 사이에서 이루어지면 이를 대출 포트폴리오(lending portfolio)라 부른다. 반면 직선의 m점을 지난 상태에서 투자결정이 이루어지면 차입 포트폴리오(borrowing portfolio)라고 부른다.

02 단일요인모형

단일요인모형(single factor model)은 증권수익률이 GDP성장률, 산업생산지수 증가율 등 공통된 단일 요인에 의해 결정된다고 설명하는 이론이다. 모형은 다음과 같은 식으로 표현된다.

$$r_i = a_i + b_i\, F + e_i$$

r_i : 증권 i 수익률
F : 요인의 가치
a_i : 요인의 기대가치가 0일 때 증권 i의 기대수익률 증권
b_i : 수익률의 요인 값에 대한 민감도
e_i : 잔차항

여기서 잔차항은 $E(e_i) = 0$ $Cov(e_i, F) = 0$ $Cov(e_i, e_i) = 0$의 특성을 가진다. 상기 식에 증권수익률의 기대 값을 구하기 위해 양변에 기대치를 취하면 다음과 같은 식으로 전환된다.

$$E(r_i) = a_i + b_i\, E(F)$$

또한 증권 i 수익률의 분산은 다음과 같다.

$$\sigma_i^2 = b_i^2\ \sigma_F^2 + \sigma_{e_i}^2$$

σ_i^2 : 증권 i 수익률의 분산, σ_F^2 : 요인 F 의 분산, $\sigma_{e_i}^2$: 잔차항의 분산

또한 앞의 가정 하에서 증권 i와 j의 공분산은 다음과 같다.

$$\sigma_{ij} = b_i b_j \sigma_F^2$$

앞 장에서 소개한 증권 특정선이 시장포트폴리오 수익률을 공통요인으로 한 단일요인모형의 예가 될 수 있다.

$$r_i - r_f = \alpha_i + \beta_i(r_m - r_f) + e_i$$

위의 증권특정선을 정리하면 다음과 같다.

$$r_i = \alpha_i + r_f(1-\beta_i) + \beta_i r_m + e_i$$

상기 식이 단일요인모형의 한 예가 될 수 있으며, 식 $r_i = a_i + b_i F + e_i$과 비교하면 $b_i = \beta_i$임을 알 수 있다. 예를 들면, 증권 i의 $\alpha_i = 3\%$이고 $\beta_i = 0.9$라 하고 무위험이자율 $r_f = 10\%$ 인 경우, 증권특정선은 다음과 같다.

$$r_i - r_f = \alpha_i + \beta_i(r_m - r_f) + e_i$$
$$r_i - 10\% = 3\% + 0.9(r_m - 10\%) + e_i$$
$$r_i - 10\% = 3\% + r_m - 9\% + e_i$$
$$r_i = 4\% + r_m + e_i$$

상기 식 $r_i = 4\% + r_m + e_i$ 을 단일모형과 비교하면 $a_i = 4\%$, $b_i = 0.9$가 된다. 앞에서 언급한 대로 단일요인모형의 다른 예를 보면 증권수익률에 영향을 미치는 공통요인이 GDP성장률이라면 F는 GDP성장률이 되고 b_i는 GDP성장률에 대한 증권 i의 수익률의 민감도이며 a_i는 GDP 기대 성장률이 0일 때 증권 기대수익률이 될 것이다.

단일요인모형의 특징

단일요인모형은 두 가지 특징을 지니고 있다. 첫 번째 특징은 포트폴리오 구성에 필요한 계산량을 줄일 수 있다는 점이다. 앞의 식을 통해 각 자산의 기대수익률, 표준편차, 공분산을 구하면 이를 이용하여 마코윗츠의 효율적 프론티어를 구할 수 있다.

두 번째 특징은 분산효과가 크게 나타난다는 점이다. 분산에 의해 증권 고유의 위험은 모두 제거되고 시장위험의 평균만 남게 된다. 이 점은 이미 앞 장에서 설명하였던 바와 같다. 단일모형에서도 동일한 결과가 나타난다. 다만 명칭을 요인위험과 비요인위험으로 달리 부를 뿐이다. 앞에서 설명한 식 $\sigma_i^2 = b_i^2 \sigma_F^2 + \sigma_{e_i}^2$에서 우변의 첫 항은 요인위험을, 두 번째 항은 비위험요인을 나타낸다.

제9장

효율적 시장가설

1950년대 경제학은 컴퓨터를 사용해 시계열(time series) 분석에 이용되었다. 경제학은 여러 경제변수들의 시계열 분석을 통해 거시변수들의 추이를 확인하고 경기방향을 예측하였다.

시계열 분석을 통한 예측은 경기흐름에 따라 기복을 보이는 주가변동추이(behavior of stock market price)에도 적용되었다.

Maurice Kendall은 1953년 경기흐름에 따라 변동하는 주가변동 가설(proposition)을 검증했지만 입증하지는 못했다. 주가는 무작위의 확률적 특성을 안고 움직인다는 결론에 도달했다.

주가의 움직임은 과거의 활동성과(performance)와 상관없이 어떤 날에는 오르고 어떤 날에는 떨어지는 무작위의 확률적 특성을 띤다는 것이다. 결론적으로 말하면 각종 경제 관련 자료들은 주가 움직임을 예측하는데 실패하게 됐다.

이 같은 사실이 밝혀진 후 금융학자들은 혼란에 빠졌다. 주식시장이 비합리적인 시장 심리(erratic market psychology)와 동물적인 정신(animal spirits)이 지배하고 있다는 의미로 받아들여졌다(Kendall의 연구). 이것은 주식시장의 비합리성(irrationality)을 확인시켜 주는 것이다.

01 랜덤 워크와 효율적 시장가설

Arthur Keowon과 John Pinkerton은 효율적 시장에서의 새 정보에 대한 주가 반응(response of stock price to new information)을 분석하였다. 기업 인수와 같은 새 정보가 발표되면 주가는 이를 반영하여 시장가치 이상의 주가가 상승하는 반응을 보였다(194개 기업 조사). 그러나 정보공시 이후 주가는 더 이상 계속 상승하지 않는 것으로 나타났다.(Arthur Keowon and John Pinkerton: Merger Announcements and Insider Trading Activity, Journal of Finace 36, September 1981).

02 효율성의 원천으로서 경쟁

효율적 시장가설은 주가가 이용 가능한 모든 정보를 반영하여 움직이는가 하는 문제와 관련된다. 정보 수집을 위해 많은 시간과 자금비용을 투입한다면 투자자(investment community)는 시장 흐름을 파악할 수 있다고 본 것이다.

Grossmann과 Steglitz는 추가 기대수익을 얻기 위해 정보 분석에 비용이 들어가면 그 만큼 추가 비용이 소요된 투자분석이 요구된다는 점을 강조한 바 있다(Stanford J. Grossmann and Joseph E. Steglitz : On the impossibility of Informationally Efficient Market, American Economic Review 70, June 1980).

투자사는 새 정보의 분석을 통해 높은 투자수익을 기대할 수 있을 때만 시간과 자원을 동원하기 때문에 효율적인 정보 수집 활동은 가치가 있는 것이다.

그러나 시장마다 효율성 정도(degree of efficiency)는 다르다. 예를 들면 신흥시장(emerging markets)은 회계공개요건(accounting disclosure requirement)이 불충분하기 때문에 미국시장에 비해 상대적으로 효율성이 떨어질 수 있다.

소형주(small stocks)는 증권분석의 관심에서 뒤로 밀리기 때문에 대형주(large stocks)에 비해 상대적으로 효율성이 떨어질 수 있다. 절대적으로 새로운 정보를 따라잡지 못하는 월등한 정보수집의 어려움은 증권분석자들 사이의 치열한 경쟁에 기인한다.

03 효율적 시장가설의 시각

효율적 시장가설(efficient market hypothesis, EMH)은 약형가설(the weak-form hypothesis), 준강형 가설(semistrong-form hypothesis), 강형가설(strong-form hypothesis) 등 세 유형의 효율적 시장가설이 있다. 세 가지 시장가설의 차이는 이용 가능한 모든 정보(all available information)에 대한 서로 다른 시각 차이에 불과하다.

약형 시장가설은 주가는 모든 시장정보를 반영한다고 주장한다. 현재 주가는 과거 주가와 거래량 및 단기적 관심사 등의 시장거래 자료를 검증한 결과에서 파생된 모든 정보를 반영한다는 가설이다. 약형 시장가설에서는 추세 분석은 별 가치가 없다고 주장한다. 과거 주가는 공개적으로 이용되고 비용이 들지 않고 취득할 수 있기 때문이다. 미래 성과에 대해 자료에서 얻은 믿을만한 신호는 모든 투자자들이 이용한 것이다. 매입 신호는 즉각적으로 주가 상승에 반영된 결과 투자자들에게 폭넓게 알려지므로 신호는 가치를 상실한다.

준강형 시장가설은 기업 프로스펙트 등의 이용 가능한 모든 공개적인 정보(all publicly available information)가 주가에 반영된다는 가설이다. 정보는 과거 주가와 기업생산라인에 대한 기본자료, 경영의 질(quality of management), 재무상태표, 기술특허보유(patents held), 예상 인지(earning forecast), 회계처리 등을 포괄한다. 앞서 본 이용 가능한 공개된 모든 정보가 입수되는 한 이들 정보는 주가에 반영된다는 가설이다.

강형 시장가설(strong--form version of the efficient market hypothesis)은 주가가 기업 관련의 모든 정보를 완전히 반영한다는 가설이다. 정보에는 기업 내부자에만 이용 가능한 모든 정보까지 포함한다. 내부자의 정보를 포함한 모든 정보를 반영하므로 투자자들이 어떠한 정보를 사용하여도 시장가치 이상의 추가 수익을 올릴 수 없다는 가설이다. 강형 시장가설이 성립하려면 내부자 정보를 포함한 모든 이용 가능한 정보가 모든 사람에게 즉시 전달되어야 한다는 가정이 전제된다.

제10장

행동재무학과 기술적 투자분석

효율적 시장가설은 투자자들에게 두 가지 중요한 사실을 말해 준다. 첫째, 주식 가격은 투자자에게 알려진 모든 정보를 반영한다는 점이다. 두 번째의 의미는 첫 번째 사실이 투자방식에 시사해 주는 것으로 높은 수익을 얻기 위해 높은 위험을 감수하는 공격적인 투자자가 시장지수를 보유하는 투자전략을 추구하는 보수적 투자자들보다 높은 투자성과를 능가하기 어렵다는 결론에 이른다는 점이다.

시장수익률을 능가하는 리스크 조정 초과수익률을 얻기 위해서는 차별화된 통찰력이 요구되지만 격심한 경쟁시장에서는 쉬운 일이 아니라는 점이다. 불행하게도 주식의 진정한 내재가치를 알아내는 것이 어려울 뿐만 아니라 주식가격이 진정한 내재가치와 일치하는가를 검증하는 일 또한 어렵다. 이러한 이유 때문에 시장 효율성에 대한 검증은 대부분 적극적인 투자전략의 성과에 초점이 맞추어져 왔다.

이들에 대한 검증은 두 가지 방식으로 접근한다. 한 가지 방법은 리스크 조정 시장지수 초과수익률을 제공했을만한 투자전략을 조사하는 것이고, 두 번째 방법은 전문 관리자들이 시장보다 앞선 투자성과를 올렸는가를 알아보는 방법이다.

이들 두 가지 검증은 모두 확실한 결론에 이르지 못하였다. 이처럼 최종 결론에는 이르지 못했지만 행동재무학(behavioral finance)은 효율적 시장 가설이 주식가격의 정확성을 간과함으로써 중요한 사실을 놓치고 있다는 점에 주목한다. 다시 말해서 분명하게 성공적인 거래규칙이나 거래자를 찾아낼 수 없다는 사실이 반드시 시장 효율성에 대한 증거가 될 수 없다고 주장한다.

행동재무학은 효율적 시장가설이 전제한 합리적 투자자의 설정에서 출발할 것이 아니라 투자자들의 비합리적인 행동심리에 주목한다는 점이다.

이 장에서는 여러 상황에서 밝혀낸 정보처리와 행동학적인 비합리성을 살펴보고 금융시장에 적용된 이런 경향이 어떤 결과를 초래하는지 볼 것이다. 다음, 효율적 시장에서는 쓸모없다는 기술적 분석기법이 행동학적 모형을 통해 지지를 받고 있는 사실들을 살펴 볼 것이다.

01 행동재무학에서 본 비판

행동재무학은, 전통적인 재무이론에 대해 두 가지 관점에서 비판한다. 첫째는 실제로 사람들의 의사결정을 고려하지 않았다는 것과 둘째는 사람들의 행동에서 나온 요소 차이를 만들어 낸다는 것을 간과하고 있다고 비판한다. 또한 여러 연구결과에서도 복잡한 의사결정을 하는 많은 개인 투자자들의 비합리성과 연관성이 있는 것을 보여주고 있다. 이것은 투자자들이 정보를 항상 올바르게 처리하는 것은 아니며 투자자들의 일관성이 결여되는 경우가 많아 차선의 결정을 한다는 비합리성을 의미한다.

정보 처리

정보 처리의 오류로 인해 투자자들은 수익률의 진정한 확률 분포를 잘못 평가할 수도 있다는 사실이 편기(bias)를 통해 확인되고 있다. 이러한 편기 현상은 예측오차, 과신(over confidence), 과도한 보수주의 신념에 따른 편기(conservative bias), 표본 규모의 무시와 대표성(representativeness)에 기인한 것으로 밝혀지고 있다.

행동학적 편의

정보처리가 완벽하다 할지라도 개인투자자들은 정보를 활용하여 완전하게 의사결정을 하지 않는 경향이 있다. 이런 행동학적 편의는 리스크 – 수익률 관계에 영향을 미친다. 다시 말해서 위험 – 수익률에 대한 임의적인 틀, 전체 포트폴리오를 포괄한 통합적 틀 속에서 리스크 – 수익률 관계를 몇 개로 분리한 의사결정을 내리는 심적 회계(mental accounting)에서 나오는 주가의 관성 현상, 손실을 불운의 탓으로 돌리며 후회를 덜고자 하는 후회 기피(regret avoidance), 전망이론 등이 모두 행동학적 편의의 입장에서 검증을 통해 결과를 내놓고 있다.

02 기술적 분석과 행동재무학

기술적 분석(technical analysis)은 효율적 시장가설에 대해 비판적인 입장에 서서 주가 패턴을 예측할 수 있다고 본다.

기술적 분석가들은 주가 변동을 일으키는 내재적인 근본적인 원인(fundamental reason)이 따로 있다고 믿기 때문에 기업의 미래 전망과 관련한 정보가치를 인정하면서도 그러한 정보는 성공적인 거래전략에는 불필요하다고 믿는다.

그들은 새로운 정보가 시장에 유포될 때 모든 투자자에게 즉시 전달되지 않는다는 사실에 근거를 두고 주가가 일정한 추세에 따라 움직인다는 시장의 내재적인 경향성에 주목하고 있다.

정보는 시차를 두고 전달되므로 새로운 정보가 전달된 후 균형가격 형성은 신속하게 이루어지지 않고 시간을 두고 형성된다는 가설을 믿고 있는 것이다.

주가의 움직임은 일정기간 지속되는 추세가 존재한다고 믿기 때문에 투자이론가들은 새로운 균형가격으로 이동하는 출발점을 찾아내는 시스템을 개발한다.

대표적인 사례로는 장기 추세(primary trend), 중기 추세(intermediate or secondary trend), 단기 추세, 저항선(resistance levels)을 들 수 있다. 장기 추세는 주가의 장기적인 움직임을 나타내고, 중기 추세는 장기 추세로 복귀하는 편차를 수정한 추세이다. 단기 추세는 일일추세이다.

앞서 설명한 바와 같이 기술적 분석은, 주가는 기본적으로 내재가치에 결정되지만 보다 정치, 경제, 사회, 문화, 시장심리 및 분위기 등 여러 요인이 반영된 주식시장의 수요와 공급에 의하여 결정된다는 사실에 주목하여 시장수급의 결과로 나타나는 주가와 거래량의 변화양상을 도표와 수치 분석에 근거해 미래의 주가 움직임을 예측하고 매매시점을 포착하는 것이다.

이와 같이 기술적 분석은 기본적으로 주가와 거래량이 상당기간 동안 같은 방향으로 움직이는 속성이 있다고 보고 과거의 일정한 추세와 패턴 속에서 매매시점을 포착하는 것이다.

기술적 분석은 대부분 도표(chart)분석방법을 이용한다. 많이 활용되는 도표로는 선도표(line chart), 봉도표(bar chart), 점수도표(point and figure chart)가 있다.

03 기본적 분석

기본적 분석(fundamental analysis)은 기업이익(earnings), 배당 전망(dividend prospects of the firm), 미래 금리(future interest rate), 적정주가에 대한 리스크 평가(risk evaluation of the firm to determine proper stock price)를 사용한다. 이 방식은 주식보유자가 개별주식 지분 보유에서 얻는 전체 지불금액을 현재 할인된 가치로 평가하는 것과 같다.

기본적 분석은 시가와 내재가치는 항상 다를 수 있으며 시장이 그 차이를 인식하여 종국에는 시가와 내재가치가 같아진다고 믿는다. 따라서 내재가치만 정확히 측정할 수 있다면 저평가된 주식을 찾아 초과 수익을 올릴 수 있다고 주장한다. 다시 말해서 효율적 시장가설은 대부분 기술적 분석이 실패한다고 주장한다. 한 분석자들이 공개적으로 이용 가능한 기업 수익과 산업에 대한 정보를 이용할 때 기업 전망에 대한 평가에서 다른 분석자들보다 더 정확하게 맞출 수 없다는 것이다.

기본적 분석과 기술적 분석을 비교하면 기술적 분석은 매매시점의 분석에 중점을 두고 있고 기본적 분석은 매매종목의 선택에 비중을 두고 있는 차이점을 볼 수 있다.

기본적 분석의 과정은 먼저 세계경제와 국내경제 및 전반적인 시장 분석을 전망하고 다음 산업별 분석과 기업분석 및 포트폴리오 관리로 이어진다.

기본적 분석은 기업의 내재가치를 결정짓는 기본적 요인을 분석하여 기업의 내재가치를 찾는다. 기업가치에 영향을 미치는 국제 및 국내경제의 분석과 함께 산업 및 기업 분석을 통해 해당기업의 내재가치를 찾고 그 내재가치를 주식시장에서 형성된 시가와 비교 평가한다.

세계경제의 분석은 국제금리, 환율, 국제 원자재가격 추이 등을 분석한다. 특히 주요국의 경제를 중점적으로 분석한다. 국내경제 분석은 GDP, 통화, 국제수지, 금리 등 거시경제지표의 추이 중심으로 분석한다.

이러한 국내외경제의 분석과 함께 국내의 산업별 분석을 한다. 산업별 분석에서는 기술집약적 성장산업인지 노동집약적 쇠퇴산업인지 분석한다. 산업별 분석 후에는 개별기업의 분석에 들어간다. 기업분석은 기업의 내재가치에 직접 영향을 미치는 수익성, 성장성, 위험 등을 중점적으로 분석한다.

기본적 분석의 한계는 기업분석이 재무제표에 나타난 수치에서 출발한다는 데 있다. 이들 수치는 주가의 평가에 중요한 경제적인 여건과 기술상의 우위, 경영자의 자질 및 그 밖의 수치로 표현하기 어려운 요인을 반영하지 못하고 있다.

또한 재무제표 작성방법이 기업간 또는 동종기업에서도 기간에 따라 상이하기 때문에 주가를 평가하는 데 불충분하다는 문제점을 안고 있다. 주가는 내재적 가치뿐만 아니라 계량하기 어려운 심리적 요인도 영향을 미친다.

사례분석 적극적 포트폴리오 관리와 소극적 포트폴리오 관리

투자자들 간의 경쟁으로 인해 주식은 그들의 충분한 주식 평가기술을 통해 유도되어 시가에 반영된다. 이는 추가 거래이익을 낳으려면 충분한 특별한 기술과 특출한 분석이 필요하다는 것을 의미한다.

사실 이러한 기술은 대규모 포트폴리오를 운영하는 매니저에게만 경제적으로 가능하다. 예를 들면 10만 달러를 굴리는 매니저가 1% 투자성과를 올렸다면 1,000달러에 불과하지만 10억 달러를 굴리는 매니저는 같은 1%포인트라도 1,000만 달러 추가 수익을 올린다는 사실에서 극명한 차이를 볼 수 있다. 이처럼 소액투자자(small investor)는 적극적인 포트폴리오 관리(active portfolio management)에서 불리한 편이다. 소액투자자는 차라리 대규모자금으로 운영하는 뮤추얼펀드에 투자하는 것이 더 유리하다. 소규모 투자자는 뮤추얼펀드의 투자를 통해 간접적으로 규모의 경제에서 파생된 이득(gain from economics of scale)을 얻을 수 있다.

그러나 소액투자자에게는 여전히 투자결정의 어려움은 남아 있다. 소액투자자들은 대형펀드(large fund)의 운영자의 저평가 주식을 찾는 능력과 자원에 대한 믿음에 주저 한다. 더구나 적극적인 포트폴리오 관리에 포함되는 소요 비용을 지불할 만큼 저평가 주식을 찾아내는 것은 쉽지 않다. 이 같은 확신이 들지 않기 때문에 시장 분석에 적극적으로 매달리지 않는 소극적 투자전략이 오히려 저렴한 비용으로 꾸준한 수익을 얻을 수 있다고 주장한다.

소극적 포트폴리오 관리는 고평가나 저평가된 주식을 찾는 데 노력과 비용을 들이지 않고 잘 분산된 포트폴리오를 구성한다는 관리 방식이다. 소극적 투자관리는 단순한 매입 보유의 투자전략을 취한다. 이러한 주장에서 개발된 것이 소극적 포트폴리오 투자 전략으로 대표되는 지수펀드이다. 지수펀드는 시장포트폴리오의 움직임과 가장 비슷한 움직임을 나타내는 포트폴리오를 구성한다. 그러나 적극적 포트폴리오 관리는 시장포트폴리오의 평균수익률 이상의 기대수익률을 올리기 위하여 적극적으로 정보를 수집 분석하는 투자전략이다. 효율적 시장가설을 추종하는 지지자들은 시간과 비용을 충분히 보상할 만큼 높은 수익을 올릴 수 없다고 주장한다.

제11장

채권가격과 수익률

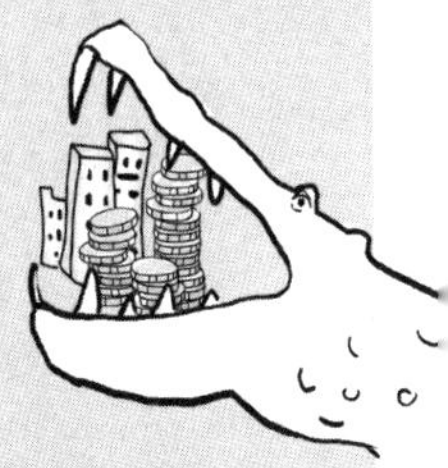

01 채권의 의미와 특성

채권(bond)이란 정부, 공공기관, 특수법인, 주식회사 등의 법인기관이 일정 기간 동안 거액의 자금을 조달하기 위해 발행하는 확정 이자 부(付) 유가증권(有價證券)을 말한다. 채권은 법인기관(法人機關)이 자금을 조달하기 위해 일정한 기간 후에 원금과 이자를 주기로 약속하고 발행하는 차용증서이다.

채권 소지자는 일정 기간 후에 약속된 원금과 이자를 받는다. 채권에는 채권 발행일과 원리금을 주기로 약속한 지급일이 명시되어 있다. 채권에는 몇 퍼센트(%)의 이자를 줄 것인지(표면이자)와 이자지급방법 등이 명시되어 있다. 채권은 수익성과 안정성 및 유동성 측면에서 다음과 같은 몇 가지 특성을 지니고 있다.

첫째, 채권의 수익성이란 원금과 일정한 이자 지급 및 매매차익에서 얻는 수익을 말한다. 채권투자에서 얻는 수익은 이자에서 발생한 이자소득과 매매차익에서 발생한 자본소득을 모두 포함한 개념이다.

이자소득은 이미 정해진 표면(表面)이자율대로 보유기간만큼 받는 소득이다. 자본소득(資本所得)은 채권을 채권시장의 거래에서 사고파는 시장수익률(또는 채권가격)의 변동에 의해 발생하는 소득이다.

자본소득은 매매차익에서 발생하는 소득이므로 항상 이익만 발생하는 것이 아니고 손해도 발생할 수 있다. 채권매매 과정에서 매매이익이 발생했을 때 자본이득(capita gain)이라 부르고 반대로 채권매매 과정에서 매매손실이 발생했을 경우에는 자본손실(capital loss)이라고 부른다. 자본소득과 이자소득은 다시 한번 소득세와 관련된 부분에서 설명이 될 것이다.

둘째, 채권의 안전성이란 채권을 발행한 주체의 원리금 지급능력을 의미한다. 채권은 국가, 공공기관, 특수법인, 금융기관 및 신용도가 높은 우량회사들이 주로 발행한다. 그러나 이들 기관의 원리금 상환능력은 각 기관마다 다르다.

예를 들면 국채와 공채는 공공기관이 발행한 기관이므로 원금 상환 능력 면에서 민간기관이 발행한 회사채에 비해 비교적 안정성이 높다고 말할 수 있다.

채권과 주식 간의 원금상환 능력을 보면 대부분의 채권은 주식에 비해 발행기관의 부도(不渡) 시(時) 우선적으로 지급받을 수 있기 때문에 채권은 주식보다 원리금 상환에 관한 한 안전성이 높다고 말할 수 있다.

셋째, 채권의 유동성이란 채권을 매수한 경우 만기 시까지 보유함으로써 확정된 이자와 원금을 받을 수 있을 뿐만 아니라 만기일이 도래하기 전이라도 언제든지 채권유통시장에 팔아 현금화할 수 있다.

이와 같이 시장에서 채권매매를 통해 언제든지 매매 당일 결제될 수 있으므로 현금 확보가 상당히 빠른 편이다. 다시 말해서 예금에 비해서는 현금성이 떨어지지만 채권매매를 통해 현금화가 가능하다는 측면에서 유동성이 높은 증권이다. 채권의 매매는 한국의 경우 증권회사를 통해 거래된다.

02 채권과 주식의 차이

주식과 채권은 여러 측면에서 차이점이 있다. 가장 중요한 차이는 주식은 그 소유자가 주주총회 등에서 주주로서 의사결정에 참여할 권리가 부여되어 있으나 채권소유자는 회사경영에 대한 의사결정에 참여할 수 있는 권한이 부여돼 있지 않다는 점이다.

주식의 발행은 기업의 재무상태표 상에서 자본금의 증가를 수반하지만 채권은 부채의 증가를 수반한다. 이런 측면에서 채권발행은 기업이 금융기관에서 빌린 차입금과 비슷한 성격을 가지고 있다.

또한 안정성 측면에서 채권은 회사의 해산 시 주식에 우선하여 원리금을 지급받을 권리가 부여된 증권이다. 주식(보통주) 보유자는 해당 기업이 망할 경우 해당 주식은 휴지조각이 되어 해당 재산을 전부 날리지만 채권은 기업의 남아 있는 재산 중 일부라도 받을 수 있다는 점에서 큰 차이를 보인다.

03 채권의 종류

채권의 종류는 기준에 따라서 다양하게 분류할 수 있다. 여기서는 발행하는 주체와 이자를 주는 방식을 기준으로 나누어 설명해 보기로 한다.

발행주체 기준으로 채권은 국채, 지방채, 특수채, 금융채, 회사채 등 5가지 유형으로 분류되며 아래의 표에는 채권 종류와 발행주체 및 발행방법, 신용도의 차이 등을 간단하게 설명하고 있다.

분류	종류	발행주체	발행방법	신용도
국채	국고채, 외국환평형기금채권	정부	경쟁 입찰	최고
	국민주택1종,2종	정부	첨가소화	최고
지방채	각종 지역개발채권 도시철도채권	지방자치단체	첨가소화	고
특수채	한국전력 공사채, 도로 공사채, 예금보험공사채 등	특별법에 의한 법인	경쟁입찰	고
금융채	통화안정증권	한국은행	경쟁입찰,창구매출	최고
	산업금융채권	한국산업은행	경쟁입찰,창구매출	고
	중소기업금융채권	중소기업은행	경쟁입찰, 창구매출	고
	기타 은행채권	기타 은행	경쟁입찰	중
	카드채권	카드사	경쟁입찰	저
회사채	기타 회사채	상업에 의한 법인	경쟁입찰	매우 다양

국채

국채는 정부가 발행하는 채권으로서, 신용도가 가장 높은 채권이다. 최근 유통 및 발행시장의 발전에 따라 국채의 규모가 급격히 증가하고 있으며, 향후 채권시장의 구조도 국채를 중심으로 한 시장으로 발전될 것으로 보인다. 국채 중에서 국고채권, 외국환평형기금채권은 경쟁 입찰을 통해 발행되고 있으며, 국민주택 1종 및 2종은 첨가소화방식으로 발행되고 있다.

지표금리와 스프레드

국채는 채무불이행위험이 없는 무위험 자산으로 그 어느 채권보다 금리가 가장 낮다. 따라서, 국채금리는 여타 다른 채권 수익률 결정에 기준으로 사용되는 지표금리의 역할을 한다.

국채의 수익률과 회사채의 수익률 간의 차이(스프레드)는 무위험자산과 위험자산 간의 차이를 나타내는 리스크 프리미엄(위험 보상 수익률)이다. 수익률 스프레드가 상승하면 그 만큼 회사채의 상환불능 위험 또는 신용리스크의 상승 즉 회사채시장의 불안정성이 상승한다는 것을 의미한다. 스프레드는 베이시스 포인트(basis point, 1베이시스 포인트는 0.01%)로 표시된다. 회사채의 스프레드가 157 베이시스 포인트(bp)는 1.57%를 의미한다.

리스크 프리미엄

채권은 신용도에 따라 수익률이 다르게 적용되는데 이 부분이 리스크에 대한 프리미엄이 작용한다. 리스크 프리미엄이란 그 채권이 가지고 있는 불확실성에 대해 지불해야 할 위험보상을 말한다. 리스크 프리미엄에는 발행주체에 대한 프리미엄과 만기기간에 따른 프리미엄이 있다.

발행주체에 대한 프리미엄

발행주체의 신용도 차이에 따라 동일한 만기를 가진 채권 사이에서도 수익률 차이가 발생한다. 국내 채권발행의 주체로서 가장 높은 신용도를 가진 정부 발행의 국고채나 통화안정채권은 가장 낮은 수익률(가장 높은 가격)을 가진다. 국가의 신용등급보다 낮은 등급을 보유한 산업금융채권이나 공사채의 경우 국고채보다 높은 수익률을 가진다.

국공채보다 신용도가 낮은 회사채의 경우도 신용등급의 정도에 따라 수익률에 차이가 난다. 간단히 표현하면 채무불이행의 위험이 낮은 채권일수록 매매시 낮은 수익률이 적용되며, 신용등급이 낮은 채권은 채무불이행의 위험을 감수하는 대가로 높은 수익률을 나타낸다.

만기기간에 따른 프리미엄

동일한 채권의 경우에도 만기까지의 기간 차이에 따라 채권 수익률의 차이가 발생한다. 이는 만기가 긴 채권일수록 미래의 경제 상황에 대한 불확실성이 커지기 때문에 높은 프리미엄을 지급하는 것이다.

지방채

지방채는 지방자치단체가 발행하는 채권을 말한다. 지방채는 국채에 비해 신용도가 다소 낮고 발행규모도 적어 유동성은 상대적으로 낮은 편이다. 지방자치제도의 도입 이후 발행액이 증가하는 추세이다.

발행물량이 늘어나면 향후 유동성도 증가할 것으로 예상된다. 지방채로는 지방자치단체가 발행하는 지역개발채권, 도시철도채권 등이 있다. 예를 들면 서울도시철도채권, 대구지역개발채권, 강원지역개발채권 등이 있다.

특수채

특수채란 특별법에 의거해 설립된 기관이 발행하는 채권을 말한다. 특수채로는 한국전력, 토지개발공사, 주택공사 등이 발행하는 채권이 있다. 특수채는 상법상의 주식회사가 발행하는 회사채보다 높은 신용도를 가지고 있어 시장에서의 유동성이 높다.

금융채

금융채란 한국은행, 한국산업은행, 중소기업은행, 국민은행, 카드사, 종금사 등의 금융기관이 발행하는 채권을 말한다.

금융채는 시장에서 발행금융기관의 신용도에 따라 여러 가지 가격으로 거래된다. 금융채로는 통화안정증권, 산업금융채권, 중소기업금융채권, 주택금융채권, 카드채, 종금채 등이 있다.

회사채

회사채는 상법상의 주식회사가 발행하는 채권이다. 회사채는 발행 회사의 신용도에 따라 금리 차이를 보인다. 회사채는 금융기관이 지급보증을 선 보증회사채와 회사 자체 신용으로 발행하는 무보증회사채로 구분한다. 국내 채권시장에서 사용되는 기준금리는 3년 물 무보증회사채의 금리가 사용되고 있다.

회사의 신용도에 따라서 금리 차이가 나므로 아주 낮은 신용도의 채권은 시장 유통이 곤란한 경우도 발생한다. 이와 같이 유통이 어려운 채권은 활발하게 거래되는 채권들에 비해 가장 낮은 가격(가장 높은 수익률)에서 거래될 수밖에 없다.

한국의 금리체계

채권시장에서 형성된 채권가격과 금리는 국내 전체 금리체계 속에서 일정한 금리 차이를 이루며 움직인다. 한국의 금리체계는 증권협회가 고시한 채권금리를 통해 살펴 볼 수 있다. 여기에 추가로 1년 미만의 단기금리(콜금리, 어음할인율, 환매채금리 등) 체계와 금융기관의 예대금리 체계를 포함시키면 한국의 전체 금리체계를 살펴 볼 수 있다. 아래의 표는 증권협회가 고시한 채권금리이다.

한국의 채권금리 체계

구 분	%	채권 유형
국채		무위험채권
국고채권(1년)	5.76	단기채
국고채권(3년)	5.82	중기채
국고채권(5년)	5.87	장기채
국고채권(10년)	5.83	장기채
국고채권(20년)	5.81	장기채
국민주택1종(5년)	6.26	장기채
통안증권(91일)	5.40	단기채
통안증권(364일)	5.76	단기채
통안증권(2년)	6.08	중기채
공채		무위험채권
한전채(3년)	6.61	중기채
산금채(1년)	6.20	단기채
사채		위험채권
회사채(무3년)AA-	6.90	중기채
회사채(무3년)BBB-	9.22	중기채
CD(91일)	5.86	단기채
CP(91일)	6.46	단기채

자료: 한경닷컴, 2008.1.7

위의 표에 나타난 전체 금리체계를 보면 중앙정부가 발행하는 원금 상환 불능 위험이 가장 낮은 무위험채권인 국고채 금리(만기 1년물)가 가장 낮게 나타나고 있음을 볼 수 있다. 반면 전체 금리수준에서 민간기업이 발행한 상업어음CP 금리(91일물)가 가장 높은 것을 볼 수 있다.

국고채 금리(만기 1년물)와 상업어음 CP 금리(91일물)의 차이는 6.46% −5.76% = 0.7%로 나타났다. 여기서 보인 금리 차이 0.7%는 리스크 프리미엄(위험 보상)으로 볼 수 있다. 이러한 차이 즉 스프레드는 역시 시간이 흐르면서 변동한다.

국내 금리수준과 해외금리 수준은 각국의 경제사정을 반영하여 차이를 보인다. 또한 무위험자산 금리와 위험자산 금리 간의 금리 차이 역시 나라마다 시간과 지역에 따라 다르게 움직인다.

국내이건 해외이건 채권시장의 불안정성과 불확실성이 크게 지배하면 일반적으로 위험이 높아지기 때문에 스프레드가 상승하는 경향이 있다.

국고채는 만기가 길어짐에 따라 금리가 단계적으로 높아져간다. 그러나 만기의 장단에 따른 금리 차이는 한국의 경우 별로 크지 않음을 볼 수 있다.

정부 산하 공공기관이 발행하는 채권의 금리는 공채의 만기와 특성에 따라 국고채권(만기 20년물)의 금리보다 약간씩 높지만 큰 금리차이는 나지 않는다.

그러나 민간기업이 발행하는 회사채의 금리는 산업은행 등 국책금융기관이 발행하는 금융채권 금리보다 높은 차이를 나타내고 있음을 볼 수 있다.

채권시장에서 거래되는 회사채의 경우, 발행 회사의 신용등급에 따라 상당한 금리 차이를 보인다. 금리 격차의 결정적인 요소는 채권 발행자의 상환불능위험이 가장 중요한 요소임을 알 수 있다.

이자지급 방법 기준 분류

이자지급 방법 기준으로 분류할 때 채권은 이표채 · 할인채 · 복리채 · 분할상환채 등으로 분류할 수 있다.

이표채

이표채는 발행조건에 명시된 매 이자지급일에 채권의 본체에 붙어 있는 이표를 떼어 이자를 지급 받을 수 있는 채권이다.

대부분의 회사채와 2년물 통화안정증권, 3년 및 5년물 국고채 및 대부분의 특수채와 회사채는 이표채 형태로 발행된다. 만기일에는 액면가 만원과 최종 이자금액을 상환 받는다.

예를 들어 2007년 1월 1일에 액면 10,000원의 3개월 이표채를 10%에 매입했을 경우를 보자. 이표채에서 발생하는 현금흐름은 다음과 같이 나타낼 수 있다.

	2007/1/1	2007/4/1	2007/7/1	2009/10/1	2010/1/1
매입금액	10,000				
이자수령		250	250	250	250
원금수령					10,000

3개월마다 정기적으로 발생하는 매분기 이자는 다음과 같다.

매분기 이자 : 10,000 × 10% / 4 = 250

할인채

할인채란 발행일에서 상환일까지의 이자를 미리 할인하는 방식으로 발행하는 채권이다. 할인채는 이자금액을 단리로 할인한 금액을 액면금액에서 할인한 금액으로 발행된다. 이표채의 경우 액면금액이 만원이나, 할인채의 경우는 만원 미만의 금액으로 발행되며, 만기 때에는 만원을 상환 받는다. 대표적인 할인채는 1년물 통화안정증권을 들 수 있다.

예를 들면, 2007년 1월 1일에 1년 만기 할인채(1년물 통화안정증권) 10%(할인 비율)에 매수했다고 하자. 이 때의 현금 흐름은 다음과 같이 산출된다.

년 월 일	2007/1/1	2008/1/1
매입금액	9,090	
만기 시 수령금액		10,000

매입 시 할인채(1년물 통화안정증권) 가격 : 10,000 / (1 + 10%) = 9,090

복리채

복리채란 이자 지급기간 동안의 이자를 복리로 재투자하는 방식으로, 재투자된 이자 금액은 만기에 원금과 함께 일시 지급되는 채권이다.

예를 들면, 2007년 1월 1일 3년 만기 10% 복리채를 10,000원에 매입했다고 하자. 이 경우 현금 흐름은 다음과 같이 산출된다.

	2007.1.1	2008.1.1 1년 후	2009.1.1 2년 후	2010.1.1 3년 후
매입금액	10,000			
복리이자 포함 원금		11,000	12,100	13,310

계산

- 1년이 경과한 후 2001.1.1 현재 복리이자 포함 원금 :
  10,000 + 10,000 × 10% = 11,000

- 2년이 경과한 후 2002.1.1 현재 복리이자 포함 원금 :
  11,000 + 11,000 × 10% = 12,100

- 3년이 경과한 후 2003.1.1 현재 복리이자 포함 원금 :
  12,100 + 12,100 × 10% = 13,310

분할 상환채

분할 상환채권은 일정 기간 동안 거치한 후 원리금을 분할하여 상환하는 채권이다. 예를 들어 우리나라의 경우 서울도시철도채권을 들 수 있다.

서울도시철도채권은 1999년 6월까지 5년 거치 5년 분할상환의 조건으로 발행되어 왔다. 그러나 1999년 7월부터 발행조건이 변경된 후 현재 분할상환조건으로 발행되는 채권은 없어졌다.

전환사채와 신주인수권부사채

지금까지 설명한 채권 종류에 포함시킬 수 없는 특수한 채권들로는 주식관련 사채들로서 대표적으로 전환사채와 신주인수권부사채를 들 수 있다.

전환사채

전환사채는 채권으로 발행된 후 일정 시점부터 주식으로 전환이 가능한 채권이다. 채권을 발행할 당시 채권액면 만원 당 바꿔 받을 수 있는 주식의 수가 결정된다. 이것을 전환비율이라고 말한다.

여기서 주식으로 전환할 때 행사할 수 있는 가격이 미리 결정된다. 다시 말해서 주식으로 전환될 때 1주당 받을 가격이 미리 결정된다. 이것을 전환가격이라고 한다.

대부분의 경우 채권발행일로부터 3개월이 지난 시점부터 주식으로의 전환이 가능하며 채권만기일 1개월 전까지 허용된다. 이 기간 내에 해당 주식의 가격이 전환가격보다 낮으면 주식으로 전환할 필요가 없으므로, 전환권을 행사하지 않고 채권으로 보유하게 된다.

만기 때까지 채권을 보유하게 되면 년 단위로 확정이자를 지급받게 된다. 또는 보장수익률을 제시하여 만기 상환을 받을 때, 적어도 일반채권의 이자만큼은 지급받을 수 있다.

일정 시점에서 전환가격과 현재 주식가격을 비교하는 것을 패리티(Parity)라고 한다. 식으로 나타내면 현재 주가 / 전환가격 = 패리티이다. 패리티는 현재주가가 전환가격보다 높으면 상승한다. 따라서 패리티가 높으면 현재 주가가 높다는 것이므로 주식으로 전환할 가능성이 높다. 전환가격보다 주가가 더 높이 오를 경우 주식으로 전환해서 얻을 수 있는 매매이익은 무제한이라고 볼 수 있다.

우리나라의 경우 1998년 중반이후 주식시장이 활황세로 돌아서면서 전환사채의 발행이 급증하고 거래도 급속히 증가되었다. 이 같은 현상이 나타난 것은 전환사채의 매력이 작용한 때문이었다. 이와 같이 전환사채는 만기 때까지 채권을 보유할 때에는 만기보장 수익률에 해당하는 금액을 추가로 지급 받고, 주식시세가 높을 경우 주식으로 매매할 수 있는 유동성을 가지고 있다.

신주인수권부사채

신주인수권부사채는 채권으로서의 기본적 특성을 가지고 있으면서 동시에 발행회사의 증자나 신주발행시 주주로서 참여할 수 있는 권리를 포함한 채권이다.

신주인수권부사채를 소유한 보유자는 그 발행회사의 주식을 인수할 수 있는 권리를 갖는다. 채권 액면 만원 당 증자나 신주발행 시 받을 수 있는 주식의 수가 채권발행 시점에 결정된다.

전환사채와 신주인수권부사채 간 서로 다른 점은 주식을 인수하더라도 채권은 없어지지 않는다는 점이다. 전환사채는 주식전환시 채권의 가치가 없어지고 주식으로 전환되지만 신주인수권부사채는 본래 채권의 권리는 존재하면서 주식을 인수받게 되는 것이다.

신주인수권부사채는 그 주식인수권리만을 별도로 떼내어 거래할 수 있는가의 여부에 따라 분리형 신주인수권부사채와 비분리형 신주인수권부사채로 나눈다. 원래 국내에서는 비분리형만이 인정되었으나 1999년부터 분리형 신주인수권부사채의 발행이 허용되었다.

04 채권가격의 결정

채권가치(또는 채권가격)는 채권의 현금흐름을 적절한 할인율(여기서는 이자율 r 로 표시함)로 할인하여 평가한다. 채권의 현금흐름은 만기일까지의 이표이자와 최종 액면 금액의 지급으로 구성된다.

채권가치 = 이표이자의 현재가치 + 액면가(원금)의 현재가치

채권가치는 다음과 같은 공식에 의해 산출된다.

채권가치 = Σ [이표이자 / $(1+r)^t$ + 액면가 / $(1+r)^T$]

식에서 T는 채권의 상환 만기 기간, r은 이자율(할인율)이다. 식에서 볼 수 있는 것처럼 채권가치(채권가격)는 식의 우변에 있는 분모에 표시된 수익률(이자율)과 반비례하는 것을 볼 수 있다.

식에서 보면 수익률(이자율)이 높아지면 채권가격은 떨어지고 반대로 수익률(이자율)이 떨어지면 채권의 가격은 올라간다. 채권가격과 수익률(이자율)은 서로 역관계 속에서 움직이고 있는 것을 볼 수 있다.

흔히 시중에서 대부자들이 사용하는 할인율(일종의 내부수익률 Internal Rate of Return로 볼 수 있다)은 관행적으로 채권 유통수익률을 지표금리로 사용한다.

채권의 현금흐름은 만기일까지의 이표이자와 최종 액면 금액을 합산한 것으로 현금흐름(CF : cash flow)을 나타내고 할인율은 유통수익률로 보면 채권가격에 대한 결정 공식은 다음과 같이 고쳐 쓸 수 있다.

$$\begin{aligned}\text{채권가격} &= CF_1/(1+\mathrm{r}) + CF_2/(1+\mathrm{r})^2 + CF_3/(1+\mathrm{r})^3 + \cdots \\ &\quad + CF_n/(1+r)^n \\ &= \Sigma CF_n \,/\, (1+\mathrm{r})^n\end{aligned}$$

예제

11.1 채권가격과 수익률(이자율)간의 역관계

예제를 통해 채권가격과 수익률(이자율)간의 역관계에 대해 살펴보자.

2007년 5월 31일 국민주택 1종 2007−5 액면 10,000원 어치를 8.9%에 매입하였을 때와 같은 날 동 채권을 8.5%에 매입하였을 때의 채권가격을 비교해 보면 채권가격과 수익률(이자율)이 서로 반대 방향으로 움직이는 것을 확인할 수 있다.

2007−5 국민주택 1종 채권은 만기 5년, 표면금리 5%인 연 복리 채권으로서 2007년 5월에 발행되었음을 의미한다. 표면이자 5%에서 채권 1만 원짜리를 매입했을 경우 5년 만기 현금흐름은 다음과 같이 산출된다.

$$\begin{aligned}\text{만기 현금흐름} &= \text{액면}\times(1+\text{표면이자})^5 \\ &= 10{,}000\times(1+5\%)^5 \\ &= 12{,}762\text{원}\end{aligned}$$

$$\begin{aligned}\text{채권가격(채권가치)} &= \text{액면}\times(1+\text{표면이자})^5 \\ &= 10{,}000\times(1+5\%)^5 \\ &= 12{,}762\text{원}\end{aligned}$$

채권가격의 결정은 현금흐름의 현재가치가 되도록 할인율로 환산한 것이므로 할인율을 채권유통수익률로 사용하면 채권가격은 유통수익률(대표적인 시중금리로 간주할 수 있음) 차이에 따라 다음과 같이 서로 다른 가격으로 나타난다.

① 유통수익률 8.9%에서 채권을 매입했을 때 채권가격은 8,332원이다.

국민주택 채권가격(채권가치) = $12,762/(1 + 0.089)^5$ = 8,332원

② 유통수익률 8.5%에서 채권 매입 시 채권가격은 8,487원이다.

국민주택 채권가격(채권가치) = $12,762/(1 + 0.085)^5$ = 8,487원

위에서 계산한 ① 번과 ② 번에서 볼 수 있는 바와 같이 유통수익률 8.5%에서 매입한 채권가격(8,487원)은 유통수익률 8.9%에서 매입한 채권가격(8,332원)보다 155원 비싸다는 것을 알 수 있다. 다시 말해서 유통수익률 8.5%에서 8.9%로 오르면 채권가격은 8,487원에서 8,332원으로 떨어지는 것을 볼 수 있다. 이와 같이 채권가격과 유통수익률은 반비례 한다.

그러나 채권투자에서 얻을 수 있는 실제 수익은 이자지급방식에 따라 채권의 유통수익률의 차이를 가져온다는 것을 유의해야 한다. 특히 채권투자를 할 때 유통수익률의 변동추이를 면밀히 살펴보는 것도 중요하지만 실제 얻을 수 있는 이자소득세를 고려한 실효수익률을 따져보는 것이 매우 중요하다. 실효수익률에 대해서는 다음 12장에서 후술하고 있다.

05 채권의 수익률

단리와 복리

먼저 단리와 복리의 차이를 설명해 보기로 한다. 이자지급의 횟수가 길어지면 복리이자지급은 단리이자지급에 비해 큰 차이를 가져온다.

단리이자 : 원금에 대한 이자만을 기간경과에 따라 지급하는 방식

복리이자 : 원금에 대한 이자를 지급할 뿐만 아니라, 지급된 이자에 대해서도 이자가 붙어 지급되는 방식

100만원을 3년간 투자했을 때 매년 10%의 이자를 주는 경우, 두 방식의 차이를 보면 단리이자의 경우 아래의 표와 같은 현금흐름을 가지므로, 100만원에 대한 이자가 매해 10만원씩 3번 지급되어 3년 후 130만원을 수령한다.

$$\text{단리 만기금액} = \text{원금}\times(1+\text{이자율}\times\text{년 수}) = 100\text{만원}\times(1+10\%\times3) = 130\text{만원}$$

	1년차	2년차	3년차	합계
이자	10	10	10	30
원리금 (100만원)	110	120	130	130

복리이자의 경우 첫해 원금 100만원에 대해 10만원의 이자가 붙고 다음 해에는 원금 100만원에 대한 이자 10만원에 지난 해 이자 받은 10만원에 대한 이자 1만원이 추가로 붙어 11만원의 이자를 받는다. 이렇게 계산하여 133.1만원을 3년 후 만기 수령하게 된다.

$$\text{복리 만기금액} = \text{원금}\times(1+\text{이자율})^{\text{년 수}} = 100\text{만원}\times(1+10\%)^3 = 133\text{만}1\text{천원}$$

	1년차	2년차	3년차	합계
이자	10	11	12.1	33.1
원리금 (100만원)	110	121	133.1	133.1

이자지급의 횟수가 한 번일 경우에는 단리이자와 복리이자 간 차이가 없다. 그러나 이자지급 횟수가 많아지게 되면 복리이자방법에 따른 수익성이 매우 빠른 속도로 올라간다.

예제

11.2 채권수익률의 변동과 채권투자 전략 맛보기

채권가격의 산출은 일반적으로 복리를 기반으로 한 현금흐름에 대한 현재가치 법을 사용한다. 따라서 채권에서 얻는 수익성은 연평균 이자율을 단리로 제시하는 은행예금보다 훨씬 높기 마련이다. 이는 채권가격과 수익률 간의 관계에서 설명할 수 있다.

① 채권가격은 수익률에 반비례한다. 동일한 채권도 수익률의 차이에 따라 채권가격은 변화한다. 예를 들어보자. 2008년 5월 10일에 발행된 국고채 3년 물을 2000년 5월 18일자로 계산할 경우 수익률 8.00%에서 국고채 가격은 10,239원, 9.00%에서 국고채 가격은 9,977원으로 수익률이 높아지면 채권가격은 떨어진다.

앞 설명에서 볼 수 있는 바와 같이 수익률이 높아지면 채권가격은 떨어지고 반대로 수익률이 떨어지면 채권의 가격은 올라간다는 사실에서 채권투자에서 얻을 수 있는 시세차익은 동일한 날짜에 높은 수익률(저렴한 채권가격)에 매수해 낮은 수익률(높은 채권가격)로 매도해야 시세차익을 얻을 수 있다는 것을 알 수 있다.

② 만기가 길수록 수익률 변동에 의한 채권가격의 변동 폭은 커진다. 동일한 수익률 변동에 대한 채권가격 변동에서 만기가 긴 채권은 짧은 채권에 비해 변동 폭이 크다.

채권의 종류	수익률 변화		가격변동률
	수익률 10.00% 채권가격	수익률 9.00% 채권가격	
국고채 1년물	9,880	9,967	0.89%
국고채 3년물	9,962	9,977	2.51%
국고채 5년물	9,979	10,364	3.85%
만기 장기화	가격상승	가격상승	가격변화폭 확대

위에서 볼 수 있는 바와 같이 서로 다른 두 수익률과 서로 다른 만기에 따라 채권가격이 변동하는 모습과 변동 폭을 유심히 보면 만기가 긴 채권의 가격이 수익률의 변화에 민감하게 변동하는 가격하락폭을 볼 수 있다.

위의 예에서 보면 수익률이 10.00%인 경우 채권가격은 만기가 길어지면서 1년물 9,880원 - 2년물 9,962원 - 5년물 9.979원으로 상승하는 것을 볼 수 있다. 여기서 만기에 따라 수익률 변동 폭은 더욱 크게 벌어지고 있다. 따라서 채권투자는 유통수익률의 변동 추이에 주목하여 투자전략을 구사하여야 한다. 예를 들면 유통수익률이 10.00%에서 9.00%로 하락하리라고 예상될 경우에는 만기가 긴 채권을 매수해 보유함으로써 자본이득(시세차익)을 극대화한다. 반대로 수익률이 상승하리라고 예상될 경우 가격변동 폭이 작은 채권 즉 만기가 짧은 채권을 보유함으로써 자본손실을 극소화한다.

지금까지 설명한 바와 같이 채권의 유통수익률은 채권가격과 반비례 하므로 낮은 수익률로 채권을 매입(매도)하는 것은 비싼 가격에 채권을 매입(매도)하는 것과 같다. 높은 수익률로 채권을 매입(매도)하는 것은 싼 채권가격에 채권을 매입(매도)하는 것과 같다.

이자소득과 자본소득

채권에서 얻을 수 있는 소득은 채권보유에서 얻는 이자소득과 채권의 매매차익에서 얻는 자본소득으로 구성된다. 이자소득은 채권발행 당시 결정된 이자율(한국말로는 표면이자율, 영어로는 Coupon이라고 부른다)에 의해 만기 보유기간만큼 받는 소득이다.

자본소득이란 채권 매매 시 시장수익률 변동에 의해 발생하는 시세차익 발생소득이다. 자본소득은 유통수익률의 변동에 따라 양(+)의 소득 즉 자본이득이 발생할 수도 있고 음(−)의 소득 즉 자본손실이 발생할 수도 있다.

예를 들어보자. 2009년 5월 31일 갑이 국민주택 1종 2009−5 액면 10,000원어치를 8.9%에 매입한 후 다음 6월 1일에 동 채권을 8.5%에 매도한 경우, 갑의 이자소득과 자본소득을 산출해 보자.

① 먼저 채권을 5월 31일 유통수익률 8.9%에서 매입하면 채권가격은 8,332원이 된다. : 국민주택 채권가격 = 12,762 / $(1 + 0.089)^5$ = 8,332원

② 같은 방식으로 6월 1일 유통수익률 8.5%로 매도하면 채권가격은 8,489원이 된다. : 국민주택 채권가격 = 12,762/$(1 + 0.085)^5$ = 8,487원

③ 하루 사이에 일어난 유통수익률 변화에서 갑이 얻은 매매차익은 다음과 같이 산출된다. : 8,489 – 8,332 = 157원. 여기서 얻은 이득 157원은 매매차익에서 발생한 자본소득이다. 157원은 이자소득이 아니라 채권매매에서 발생한 소득이다.

④ 자본이득을 살펴보았으므로 이제 이자소득을 산출해보자. 국민주택채권1종은 연 복리 5%(표면금리)를 지급하는 채권이다. 따라서 1년 동안 액면 10,000원당 500원의 이자를 지급한다. 연 이자소득은 500원이다.

연 이자소득을 하루 이자로 계산하기 위해 하루 이자는 연 이자 500원을 365일로 나누면 1일 1.36원 정도의 이자가 발생한다. 갑이 국민주택채권을 하루 동안 보유해서 얻은 이자소득은 약 1원 정도다.

그러나 이 이자소득은 이자에 붙는 이자소득세를 고려하지 않았다. 우리나라의 경우 이자소득세는 발생할 때마다 세금을 원천 징수한다. 또한 이자소득세율은 시기에 따라 바뀔 수도 있다.

⑤ 앞에서 설명한 대로 자본소득 157원과 이자소득 1원을 더한 실제 종합소득은 158원이 된다. 그러나 이자소득은 이자소득세를 공제해야 한다. 다시 말해서 이자소득세를 공제한 실제 실효소득은 158원보다 약간 적다. 갑은 8.9%에 매수한 채권(낮은 채권가격)을 그 전보다 낮은 8.5%의 수익률(높은 채권가격)에 매도함으로써 매매차익을 얻게 된다. 물론 반대의 경우로 8.5%에 매수했던 채권을 다음날 그 전보다 높은 8.9% 수익률에 매도한다면 갑은 매매손실을 보게 된다.

지금까지 수익률과 채권과의 관계에서 본 대로 시장수익률(유통수익률)의 변동은 채권가격 결정에 중요한 요소인 것을 알 수 있으며 채권투자에서 채권수익률 흐름을 주의 깊게 관찰해야 된다는 것을 알 수 있다. 또한 이자소득과 자본소득을 합산한 종합소득에서 채권투자는 세금이 결정적인 요인으로 작용할 수 있다는 것도 알 수 있다.

우리나라 세법에서는 매매차익 즉 자본소득에 대해서는 과세하지 않는다. 세법에서 정한 금융소득에 대한 과세는 이자소득과 배당소득에만 제한하고 있다. 따라서 이자소득인 1원에 대해 세금을 내지만 나머지 157원에 대해서는 세금을 내지 않는다.

유통수익률의 변동과 채권투자 전략

투자 전략	채권매매
매입 時 유통수익률(8.9%) < 매도 時 유통수익률(8.5%)	이자소득 > 자본손실 : 자본이득
매입 時 유통수익률(8.5%) > 매도 時 유통수익률(8.9%)	이자소득 < 자본손실 : 자본손실

제12장

채권수익률의 변동과 그 요인

01 수익률의 구성요소와 변화

채권수익률이 무엇으로 구성되어 있는지 그리고 수익률이 왜 변동하며 그 원인이 무엇인지 채권투자자는 필수적으로 알아야만 한다. 채권에 투자하는 것은 현재 가지고 있는 현금을 포기하고 채권을 구매하는 행위를 수반하게 된다. 다시 말해서 현금을 현재소비로 사용하지 않고 대신 미래소비로 연장하는 의미를 지닌 현재저축의 형태인 채권투자에 사용하는 것이다.

이러한 채권 보유가 가진 성격에서 알 수 있듯이 현금 대신 채권을 보유하는 대가로 나타난 것이 채권수익률로 일부 보상하는 것이다. 채권수익률은 현재 누릴 수 있는 금전적인 가치를 희생하는 대가로 받는 현금 포기(미래저축)에 대한 시간의 가격을 반영한 것이다. 또한 시간에 대한 가격 이외에도 채권수익률의 일정 부분에는 발행자들의 위험이 반영되어 나타난다.

현재저축 즉 현금 보유를 포기하고 미래저축에 대한 가격은 현금자금 대차에 대한 수급사정에 의해 결정된다. 돈이 시중에 남아돌면 낮은 채권 수익률(높은 채권가격)이라도 채권을 사게 된다. 시중에 돈을 구하는 것이 귀하면 높은 채권수익률(낮은 채권가격)에 투자하지 않는다.

기본적으로 채권수익률수준의 결정과 그의 변화는 시장수급상황을 반영하여 나타난다. 시중자금수요와 공급은 경제활동상태를 나타낸 경제성장률, 현재 인플레이션과 미래의 예상인플레이션, 채권 발행자의 신용위험도 등 여러 요인에 영향을 받는다.

다시 말해서 채권의 수익률과 그의 변화를 결정하는 여러 요인들을 채권수익률의 구성 요소라고 부른다. 이러한 요소들이 변화하면 채권수요와 공급의 변화를 통해 채권수익률이 변동하게 된다.

02 채권수익률의 결정 요인

앞서 설명한 대로 채권수익률은 기본적이며 직접적인 요인으로서 채권시장의 수요와 공급에 의해 결정된다. 채권시장의 수급에 영향을 미치는 요인은 매우 다양하다.

가장 중요한 요인으로는 보통 경제성장, 예상 인플레이션, 환율 등의 거시변수들이 중요하게 작용한다. 채권수익률은 이들 요인들에 의해 변화한 수급 상황에 따라 상승하기도 하고 하락하기도 한다.

경제성장

경제가 성장, 번영하면서 경기가 활성화되면 기업들에게는 수익성 있는 투자기회가 많아지게 된다. 이 때 투자를 위한 자금조달을 위해 돈을 빌리고 싶은 기업들의 투자의욕이 늘어난다.

이처럼 경제활동이 활발해지면 투자의욕을 가진 기업의 채권발행이 많아지게 되면서 채권가격이 떨어지고 이자율이 상승하는 추세를 보인다. 반대로 경제성장이 둔화되면서 경기가 침체되면 기업의 자금 차입이 줄어들고, 채권발행의 물량도 줄어들면서 채권가격이 오르고 채권 수익률은 하락하는 모습을 보인다.

경제 번영, 경기 호황 → 기업의 투자기회 확산 → 기업의 자금조달 의욕 증가 → 기업의 자금 차입 증대 → 기업의 채권 발행으로 충당 → 채권시장의 채권 공급 증대 유발 → 채권가격의 하락과 채권수익률의 상승

富의 수준

경제성장이 장기간 지속되면 사회 전체의 富(wealth)가 축적된다. 부의 축적은 채권, 주식 등 증권금융자산에 대한 활발한 투자를 유인한다.

이때 부의 축적으로 인한 풍부한 여유자금이 채권시장으로 이동하게 되면 낮은 이율이라도 채권을 매입하려는 욕구가 증대하게 되어 채권수익률은 하락한다.

경제성장의 장기간 지속 → 경제사회 전체의 부 증대와 함께 증권자산 축적 → 채권에 대한 투자 증가 → 채권수요 증대 → 채권가격 상승 / 채권수익률 하락

예상인플레이션

미래의 인플레이션에 대한 기대 상승은 여러 요인에 의해 발생한다. 예를 들면 경제주체들이 과거의 높은 인플레이션에서 얻은 경험을 가지게 되면 많은 경제주체들은 물가에 영향을 미치는 통화팽창 또는 재정팽창정책에 대해 비관적으로 예측하여 예상인플레이션의 상승을 기대하게 된다.

이와 같이 예상 인플레이션이 상승할 경우 많은 사람들은 실물선호 사상을 갖게 된다. 다시 말해서 인플레이션에 따라 상품의 현재가치가 올라가는 실물자산(real assets)의 가격이 상승하게 될 것이라 여기게 되므로, 많은 사람들은 돈을 빌려서(또는 기존의 보유 채권을 매도해서)라도 부동산 등 실물자산을 매입하려는 욕구를 가지게 된다. 이 같은 상황에서는 채권보다 실물자산에 투자하는 것이 수익성이 더 높게 오르리라고 판단하므로 채권을 매수할 세력들은 더욱 줄어들게 된다. 이러한 경제상황에서는 인플레이션을 감안한 이상의 더 높은 수익성이 보장되어야 채권에 투자할 가치가 있게 된다는 것을 의미하므로 자연히 채권수익률이 상승하게 된다.

예상 인플레이션 상승 → 실물선호사상 증대 → 보유 채권의 매도 유발 및 채권 매수의 실종 → 채권가격의 하락 / 채권수익률의 상승

환율의 변화

환율수준은 직접적으로 영향을 받는 외환시장의 수요와 공급에 의해 수시로 변동한다. 외환의 수급은 여러 요인의 영향을 받는다.

예를 들면 현재 환율이 상승하면서 원화의 가치가 앞으로 하락할 것이라 예상되는 경우 한국 돈의 가치가 그 만큼 떨어지므로 채권에 투자돼 있던 외국인의 투자자금이 국외로 유출되게 된다. 외국인의 채권 매도가 많아지면서 채권의 공급이 증가하면 채권수익률은 상승하게 된다.

반대로 환율수준이 하락하고 원화가치가 상승하면 한국 돈의 가치가 상승하므로 원화 표시 한국증권에 대한 매력이 높아지므로 외국인의 투자자금이 국내로 유입되어 낮은 수익률이라도 채권을 매수하게 되어 채권수익률은 하락하게 된다.

환율 상승으로 원화의 대외가치 하락 → 원화 표시 국내채권에 대한 투자 매력 상실과 동시에 상대적으로 달러표시 다른 대체투자에 대한 매력 증대 → 외국인 투자자의 국내채권 매도로 국내 채권시장의 공급 증가 유발과 동시에 외국인 투자자의 국내채권 투자자금 해외유출 → 채권가격 하락 / 채권수익률 상승

국채의 발행

경기부양이나 경기안정 그리고 채권시장이나 외환시장의 개입 관리 등을 위해 필요한 다양한 정책에 따라 정부는 국고채권, 국민주택채권, 외국환평형기금채권 등의 국채를 발행할 수 있다. 또한 정부신용으로 예금보험공사나 한국은행 등 공공기관이 채권을 발행하기도 한다.

국채의 경우 정부의 재정적자가 과다하게 확대되는 상황을 생각해 볼 수 있다. 재정적자 확대로 국채의 순발행이 늘게 되면 채권의 발행물량이 많아지게 된다. 이때 높은 이율로 채권을 발행해야만 시장소화가 가능하게 된다. 이와 같이 정부의 재정 활동에서 자금수급 불균형에 따른 국채 발행물량이 증가하면 채권수익률은 높아지고, 반대로 국채발행물량이 줄면 채권수익률은 낮아진다.

재정적자 확대 즉 재정수입이 조세수입보다 적어지는 상황이 계속되는 경우 재정적자 누적 증대 → (국채매각 + 국채발행 − 국채 매수) > 0 → 국채 순발행 > 0 → 국채공급 증대 → 국채가격 하락 / 국채수익률 상승

또한 정부는 국채시장을 관리하고 시장에서 형성되는 채권수익률체계를 관리하며 정책적으로 국내채권시장에 영향을 미치고자 할 때나 적정이자율수준을 유도하기 위해 국채 발행물량을 조절할 수 있다. 이러한 정책 가운데 가장 대표적인 정책이 공개시장조작정책이다. 공개시장조작정책

은 정부의 국채관리정책의 일환으로 매우 중요한 수단이다.

통화정책

정부는 기업 활동을 활성화시키고, 경기를 부양시키기 위해 혹은 과열된 경기를 적정수준으로 연착륙시키기 위해 한국은행의 통화금융정책을 지원받을 수 있다. 예를 들면 기업 활동 및 투자 활성화가 필요한 경우, 정부는 한국은행의 발권력을 통해 통화를 증가시켜 시중자금을 풍부하게 할 수 있다.

시중자금이 풍족해지면 채권시장은 풍부한 유동성을 바탕으로 채권 매수여력이 높아지고 낮은 수익률의 채권(높은 가격)이라도 매수할 수 있게 된다. 이에 따라 채권유통수익률은 낮아지게 된다. 이 같은 상황에 놓이게 되면 기업은 낮은 이자율로 채권을 발행한다든지 금융기관으로부터 저리로 자금차입을 할 수 있게 되어 기업 활동이 활성화 되고 경기가 부양되게 된다.

통화팽창의 단기효과

경기침체 시 확대 통화정책 실시 → 대부자금공급이 수요를 초과 → 시중자금 풍부 → 채권 매수 증대 → 채권가격 상승 / 채권 유통수익률 하락 → 저금리 채권발행을 통한 기업의 자금조달 증대 → 기업의 생산 활동 촉진 → 경기 부양 → 경제성장 증가

그러나 이러한 확대 통화정책은 장기적으로 부작용을 낳을 수 있다. 일반적으로 과도한 통화팽창은 일정한 시간이 경과하면서 물가상승으로 나타날 수 있다. 이 같은 물가 상승은 시간이 흐른 후 도리어 이자율을 상승시킬 수 있다.

다시 말해서 통화량의 공급증가로 시중이 풍족해질 경우 신규 투자를 통한 실물자산에 대한 투자가 많아지면서 나타난 인플레이션은 이자율을 상승시킬 수 있다. 실증적인 분석에서도 통화의 증가는 단기적으로는 이자율을 하락시키지만 중장기적으로는 이자율을 상승시키는 요인이 되었다.

경기침체 시 확대통화정책집행 → 금리(또는 채권수익률) 하락 → 신규투자 증대 → 실물자산 증가 → 현재 인플레이션 상승 유발 → 기대인플레이션의 상승 발생 → 이자율의 상승 초래

03 채권수익률 결정의 내재적 요인

채권수익률을 결정하는 내재적인 요인은 개별채권이 지닌 신용위험을 말한다. 이론적으로 개별채권의 유통수익률을 결정하는 요인들은 아래와 같이 분류한다.

채권발행자의 위험

정부신용으로 발행하는 국채의 경우, 국가가 채무 불이행을 선언하지 않는 한 채권 자체가 가지고 있는 위험이 없다. 따라서 국채수익률은 시장요인에 따라 결정된다.

그에 반해 일반 회사에서 발행한 채권은 그 이자와 원금을 지급하지 못할 수도 있기 때문에 국채보다 수익성을 보장해야 투자한다. 따라서 회사채 수익률은 국채수익률보다 높다.

이와 같이 높은 추가 수익률부분은 리스크 프리미엄으로 볼 수 있다. 채권투자에서 가장 중요하게 고려할 점은 채권발행자의 상환불능 위험에 대

한 신용도이다. 채권수익률 수준은 국채수익률보다 더 높은 수준에서 결정되며 발행회사의 신용도가 결정적으로 작용한다.

보증유무

채무 불이행 위험이 높은 채권일수록 그에 대한 프리미엄이 높게 붙어야 투자 매력이 증가하지만 발행기업에게는 그 만큼 이자부담이 커지게 된다. 따라서 많은 회사들은 발행 비용을 줄이기 위해 자신보다 신용이 좋은 기관(각종 금융기관, 보증보험회사, 그룹 계열회사)등의 지급 보증을 받아 채권을 발행하기도 한다.

회사가 망해서 채권의 원금과 이자를 지급하지 못하게 되더라도 보증이 붙어 있으면 보증한 회사에서 대신 지급하게 되므로 채무 불이행 위험이 현저히 줄어들게 되 보증 회사채는 같은 등급의 다른 회사채에 비해 채권수익률이 낮게 형성된다.

만기구조

정상적인 경제의 경우 자금을 차입하는 기업 입장에서는 장기의 자금을 안정적으로 확보하기를 원한다. 반면 자금을 대출하는 대여자 입장에서는 같은 수익률이라면 보다 유동성이 풍부한 단기채권에 투자하고 싶어한다.

이와 같이 차입자와 대여자의 선호가 다르기 때문에 만기가 짧은 채권에 수요가 몰리므로 저금리(높은 가격)에서도 매입할 가능성이 높아지고, 만기가 긴 장기채권의 경우에는 매도가 몰려 높은 금리(낮은 가격)로 결정되고 있다.

이는 먼 미래일수록 원리금 상환에 관한 불확실성이 더 커지기 때문에 이에 상당한 리스크 프리미엄이 붙게 되는 것이다. 그러나 경제상황이 급격하게 냉각되어 시중자금이 궁핍해지면 만기가 짧은 채권의 수익률이 급격히 상승하기도 한다.

이때 미래 경제상황이 정상을 찾아 다시 이자율이 낮아질 것으로 예상되면 만기가 길수록 수익률이 하락하는 특이한 모습을 보이기도 한다(장단기금리 역전 현상 출현).

제13장

채권가격의 결정

이 장에서는 채권가치의 평가와 평가등급, 이자율의 기간구조, 평균상환기간과 채권투자전략에 대해 차례로 설명하고 있다. 이자율의 기간구조에서는 불편기대이론, 유동성프리미엄이론, 시장분할이론 중심으로 설명되고 있다.

01 채권가치의 평가

채권가치의 평가를 다루기 위해 채권의 액면가격(par value, face value)은 10,000원, 만기는 10년이며 발행금리(coupon rate) 10%라는 가정 하에서 채권가치의 평가를 설명해 보기로 한다. 동 채권은 매년 말 1,000원의 이자를 받고 10년째 되는 만기 시점에서 10,000원의 원금을 상환 받는 채권이다.

동 채권의 경우 채권가치의 결정은 매년 말 지급되는 이자 1,000원과 만기 시점 액면금액 10,000원을 합산한 현재가치를 채권매입 시점의 할인율(시중금리)을 적용하여 투자자가 지불하게 될 채권가치로 평가한다. 여기서 할인율은 투자자가 요구하는 최소한의 수익률로 시중금리 r = 12%를 적용하면 채권가치의 평가는 아래 식에 의해 8,870원이 산출된다.

$$
\begin{aligned}
\text{채권가격} &= \Sigma CF_n \;/\; (1 + \mathrm{r})^{\mathrm{n}} \\
&= 1000 \times \frac{1}{(1+0.12)} + \cdots \\
&\quad + (1000 + 10,000)\frac{1}{(1+0.12)^{10}} = 8,870
\end{aligned}
$$

식에서 CF_n은 매년의 현금흐름을 나타낸다. 10년째 현금흐름은 매년말 지급된 이자 1,000원과 액면금액 10,000원을 표시하고 있다. 채권가치의 평가에서 다음과 같은 중요한 요소들이 작용하는 것을 볼 수 있다.

첫째, 시중금리가 발행금리와 같으면 채권가치는 동일 금액으로 평가된다 : 시중금리 = 발행금리 → 채권가치 동일.

둘째, 시중금리가 발행금리보다 상승하면 채권가격(채권가치)은 떨어진다. 이것은 시중금리와 채권가격이 서로 역관계가 있다는 것을 의미한다. 시중금리가 12% 수준으로 오르면 채권은 8,870원의 가격으로 떨어진 수준에서 평가된다 : 시중금리 > 발행금리 → 채권가치 하락.

셋째, 금리와 채권가격 간 관계에서 남아 있는 만기가 고려될 때 정확하게 설명된다. 잔여 만기가 동일할 경우 시중금리의 상승은 채권가격의 하락을 가져오고 시중금리의 하락은 채권가격의 상승을 가져온다 : 잔여 만기가 동일할 때 ① 시중금리 상승 시 → 채권가격 하락, ② 시중금리 하락 시 → 채권가격 상승. 만기까지의 기간이 길면 길수록 금리변화에 대한 채권가격의 변동 폭은 더 심해진다 : ① 잔여 만기가 길수록 : 시중 금리 상승 시 → 채권가격 하락 폭 증대 ② 잔여 만기가 짧을수록 : 시중 금리 상승 시 → 채권가격 하락 폭 축소. 다시 말해서 금리가 하락 또는 상승할 때 만기까지의 기간이 짧을수록 채권가격의 변동 폭은 작아지고 반대로 만기까지의 기간이 길어질수록 채권가격의 변동 폭은 더욱 커진다. 이것은 남은 만기가 길고 짧음에 따라 채무불이행 위험과 금리변동 위험이 커지거나 줄어들기 때문이다. 만기까지 남아있는 기간이 길어지면 그 만큼 채무불이행 위험과 금리변동 위험이 높아지므로 채권가격 변동 폭이 커지게 된다.

넷째, 금리 상승 시 채권가격 하락 폭은 동일한 크기의 시중금리 하락 시의 채권가격 상승 폭보다 작다. ① 시중금리 상승 시–채권가격 하락 폭, ② 시중금리 하락 시–채권가격 상승 폭, ③ 금리 상승과 하락은 동일률 변동 가정 : ① 과 ② 의 동일 금리 변동 폭 가정 하에서 채권가격 변동 주목, ④ 채권가격 하락 폭 〈 채권가격 상승 폭.

지금까지 살펴 본 바와 같이 투자자에게는 채권 발행 당시의 약정 수익률(promised yield)이 투자결정에 별 의미가 없다는 것을 알 수 있다.

채권 투자의 결정에서 가장 중요한 변수들은 채권가격, 만기, 만기까지 수입이자들을 고려한 만기수익률(yield to maturity)이 결정적인 지표들임을 알 수 있다.

만기수익률이란 채권을 매입하여 만기까지 보유하여 얻을 수 있는 평균 수익률을 의미한다. 만기수익률은 보유기간수익률 및 이자수익률과 구별하여야 한다. 보유기간 수익률(holding period yield)이란 기간 기준으로 1년 또는 1개월간 보유하였을 때 실제로 얻을 수 있는 수익률을 의미한다. 이자수익률(current yield)이란 연간 이자수입이 채권매입가격에서 차지하는 비율을 의미한다.

채권가격이 액면가 이하일 때는 만기 수익률이 가장 높고 다음 이자수익률, 발행수익률 순이다. 반대로 채권가격이 액면가 이상일 때는 발행금리가 가장 높고 다음 이자수익률이며 만기수익률이 가장 낮다.

02 채권가치의 평가와 평가등급

모든 채권은 질적 평정이 낮아질수록 점점 더 높은 할인율로 평가되므로 채권가격은 할인율이 높아갈수록 더 낮은 가격으로 평가된다. 채권가치의 평가에서 질적 평정은 채권가격 결정에 직접적인 영향을 주게 된다.

우량채권은 투기등급 채권에 비해 채무불이행 위험이 작으므로 우량채권은 낮은 할인율이 적용되므로 더 높은 채권가격에서 평가된다.

채권의 질적 평정은 채권을 발행하는 기관들인 국가, 공공기관, 제조기업, 금융기관 등을 전문적으로 평가하는 신용평가기관들에 의해서 등급이 매겨지고 있다.

세계적으로 유명한 신용평가기관으로는 무디스 회사와 스탠다드 앤드 푸어스 회사 등이 있다. 국내 신용평가기관으로는 한국 신용평가기관 등이 있으며 이들은 국내 기업의 평가등급을 신규로 채권을 발행할 때마다 발표하고 있다.

03 이자율의 기간구조

앞서 살펴 본 대로 채권가치에 대한 평가는 만기에 관계없이 모든 현금흐름을 일정한 이자율로 할인하는 것으로 가정하였다. 그러나 실제 현실에서 보면 단기채권의 만기수익률이 장기채권의 만기수익률보다 더 짧을 수도 있고 반대로 더 길게 나타나는 경우를 볼 수 있다.

다시 말해서 어떤 시점에서 다른 조건이 일정할 때 채권의 만기까지의 기간이 달라짐에 따라 채권수익률은 변동한다. 이와 같이 만기까지의 기간과 채권수익률간의 관계를 이자율의 기간구조라고 부르며 이를 흔히 수익률곡선으로 표시한다. 수익률곡선을 설명하는 이론으로는 불편기대이론과 유동성프리미엄이론 및 시장분할이론이 있다.

불편기대이론

불편기대이론은 피셔와 루츠에 의해 개발된 이론으로서 장기채권의 수익률은 현재의 단기이자율과 미래에 기대되는 단기이자율의 기하평균에 의하여 결정된다는 이론이다. 불편기대이론에서는 수익률곡선의 형태가 미래의 단기이자율에 대한 투자자의 기대에 의하여 결정된다는 점이 중요한 의미를 갖는다.

예를 들면 현재 이자율수준이 매우 낮아 모든 투자자들이 미래이자율이 상승하리라고 예상한다면 수익률곡선은 우상향하는 곡선형태를 취하고 반대로 미래의 이자율이 하락하리라고 예상한다면 수익률곡선은 우하향하는 곡선을 취한다는 것이다.

유동성프리미엄이론

유동성프리미엄이론은 힉스에 의해 개발된 이론으로서 불편기대이론이 전제한 투자자의 위험중립성 가정을 보완한 점에서 진전된 이론이다. 채권의 만기가 길어질수록 위험이 커지므로 투자자는 단기채권을 선호하는 반면 채권을 발행하는 주체는 원금상환불능위험을 덜기 위해 장기채를 선호한다.

따라서 발행주체는 투자자들이 장기채를 구입할 수 있도록 하기 위해서는 장기채가 갖는 약점을 보상할 수 있는 위험프리미엄 또는 유동성프리미엄을 제공하게 된다. 이 유동성프리미엄 수준은 현재의 단기이자율과 미래의 예상되는 단기이자율의 평균보다 더 높게 된다.

시장분할이론

시장분할이론은 투자자들이 채권만기에 대한 선호구조가 서로 달라서 채권시장이 여러 세부시장으로 분할되고 각 만기에 적용하는 수익률은 각 만기를 선호하는 투자자집단의 수요 공급에 의해 결정된다는 이론이다.

이상의 3가지 이론에 대한 실증적인 검증은 확실하게 입증되지 않았다. 지금까지 입증이 어려운 점으로 볼 때 수익률곡선에 미치는 요인은 인플레이션 등 여러 요인이 복합적으로 작용하는 것으로 보고 있다.

04 평균상환기간과 채권투자전략

채권투자전략은 정보를 수집 분석하여 시장평균 이상을 올리려 하지 않고 위험에 상응하는 적정한 수익률만을 얻고자 하는 소극적 투자전략과 위험에 상응하는 이상의 수익률을 추구하는 적극적 채권투자전략으로 나눈다. 적극적 투자전략은 금리를 예측하고 채권가격 변화를 예측하여 수익을 극대화하는 전략이다.

적극적 투자에서는 이자율 변화에 대한 채권가격의 민감도를 측정한 평균상환기간 개념이 매우 중요하다. 이미 앞에서 살펴 본 대로 만기가 긴 채권일수록 이자율 변동에 대한 채권가격의 민감도는 커진다. 금리가 상승할 때 단기채권의 가격과 장기채권의 가격은 모두 하락하지만 단기채권의 가격 하락 폭은 장기채권의 가격하락 폭보다 작게 나타난다.

이와 같은 현상은 이표채와 무이표채 모두 적용된다. 그러나 각 만기에서 무이표채의 가격하락 폭은 이표채의 가격하락 폭보다 더 크다는 것을 다음의 표를 통해서 알 수 있다.

이표채 가격과 발행금리 10%

만기수익률	1년	5년	10년
10%	10,000	10,000	10,000
12%	9,822	9,279	8,870
가격변동률	1.78%	7.21%	11.30%

무이표채의 가격

만기수익률	1년	5년	10년
10%	9,091	6,209	3,855
12%	8,929	5,674	3,219
가격변동률	1.79%	8.61%	16.50%

그러나 이표채의 경우에도 만기까지 남아있는 기간 자체가 장기채와 단기채의 특징을 완전하게 나타낸다고 볼 수 없다. 이표채는 일정기간마다 이자가 지급되므로 실질적인 만기는 실제 현금이 이루어진 기간의 평균개념이 보다 의미가 있다. 반면 무이표채의 경우에는 만기시점에서 유일하게 한 번 이자지급이 이루어지므로 만기까지 기간 자체가 실질적인 만기의 개념과 동일하다.

이표채는 약속된 현금흐름이 지급되는 평균만기의 개념이 이용된다. 이 개념은 채권만기까지의 평균기간 또는 평균상환기간이라고 부르고 있으며 이자율변동에 대한 채권가격의 민감도 측정에 이용되고 있다.

채권의 평균상환기간이란 이자와 원금이 지급되는 기간의 가중평균을 의미한다. 여기서 가중치는 각 기간에 실현되는 현금흐름의 현재가격이 채권가격에서 차지하는 비율이다. 예를 들면 발행금리가 8%이고 만기수익률이 10%이며 액면가격이 10,000원인 채권의 만기가 4년 남아 있는 경우에 이 채권의 평균상환기간은 3.56166년이다.

평균상환기간은 첫째로 포트폴리오의 실질적인 평균만기를 측정하는 척도이고, 둘째로 포트폴리오의 이자율위험으로부터 헤지시킬 수 있는 도구로 인식되며, 셋째로 포토폴리오의 이자율민감도의 척도가 된다.

이자율 변화에 따른 채권가격의 변화율과 평균상환기간 간의 관계를 보면 채권가격의 변화율은 $(1+r)$의 변화율에 평균상환기간을 곱한 값과 같다. 다시 말해서 채권가격의 변동성은 채권의 평균상환기간에 비례하므로 평균상환기간이 이자율위험의 척도와 동일한 의미를 갖는다.

채권가격 변화율 = − (평균상환기간) [(1 + r)의 변화율]

따라서 이표채와 무이표채의 평균상환기간이 같으면 일정비율의 금리 변화에 대한 가격변동율이 같게 된다. 이것을 보기 위해 이미 앞에서 보았던 예를 통해 살펴 보자.

발행금리가 4%인 4년 만기 이표채는 시중금리가 10%일 때 채권가격은 9,365.988원이고 평균상환기간은 3.56166년임을 보았다. 무이표채의 경우에는 만기까지의 기간이 3.56166년이 남아 있는 채권가격은 7,121.53원이 된다. 여기서 시중금리가 12%로 상승하면 이표채의 가격은 8,784.92원으로 떨어지고 무이표채의 가격은 6,678.86원으로 떨어진다. 따라서 두 채권은 금리하락으로부터의 가격하락율이 6.2%로 같게 된다.

① 이표채 : (9,365.988원 − 8,784.92원)/9,365.988원
= 581.016원/9,365.988원 = 0.0620(6.20%)

② 무이표채 : (7,121.53원 − 6,678.86원)/7,121.53원
= 442.67원 / 7,121.53원 = 0.0621(6.21%)

지금까지의 설명에서 도출된 평균상환기간에 대한 규칙 5개는 다음과 같다.

1. 무이표채의 평균상환기간은 만기까지의 상환기간과 동일하다.
2. 만기가 일정하면 발행금리가 낮을수록 평균상환기간은 길어진다.
3. 발행금리가 일정하면 만기까지의 기간이 많이 남아 있을수록 채권의 평균상환기간은 길어진다.
4. 다른 조건이 일정하다면 이표채의 경우 만기수익률이 낮은 채권의 평균상횐기간은 길어진다.
5. 만기가 없는 영구채권의 평균상환기간은 (1 + r)/r 이다.

제14장

채권투자전략

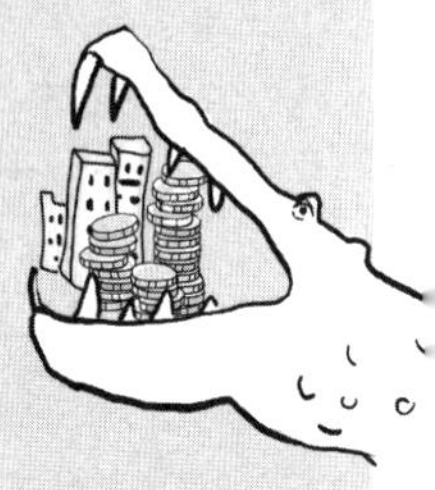

효과적인 채권투자를 하기 위해서 투자자는 자신의 투자 목표에 따라 투자전략을 선택한다. 효율적인 채권투자전략으로는 수익률 예측, 채권비교평가를 통한 교체매매 등 적극적 투자전략과 만기보유전략인 소극적 투자전략으로 구분한다.

01 적극적 채권투자전략

적극적 채권투자관리는 채권시장이 완전히 효율적이지 않다는 가정 하에서 저평가되어 있는 채권을 특정 시점에 매입하는 전략을 구사하는 것을 말한다. 이러한 전략으로는 호리슨기법, 채권스왑기법 등이 있다.

수익률예측전략

시장환경 변화에 대한 이자율 변화형태를 파악함으로써 수익률 하락이 예상될 때 가격변동폭이 높은 채권에 투자하여 수익을 높이는 전략이다. 이는 수익극대화에 가장 적합한 방법이나 일관성 있는 이자율 움직임 파악이 쉽지 않기 때문에 채권전문상담요원의 수익률 예측을 참조하는 것이 좋다.

교체매매전략

일시적으로 시장에서 가격불균형 상태에 있는 채권을 발견하여 수익을 높이는 방법으로 발행금리, 만기 등 조건이 비슷한 두 채권이 시장에서 가격차를 보이고 있다면 상대적으로 고평가된 채권을 매각하고 저평가된 채권을 매입함으로써 수익을 높일 수 있는 적극적인 투자전략이다.

02 소극적 투자전략

소극적 채권투자관리는 채권가격이 적정하게 결정되어 있다고 보고 단지 채권포트폴리오의 위험만을 중시하는 투자관리이다. 소극적 채권투자관리방법으로는 순자산가치 면역과 목표일 면역이 있다.

순자산가치 면역은 자산의 평균상환기간과 부채의 평균상환기간을 일치시킴으로써 포트폴리오의 상환기간을 0으로 맞추는 것이다. 평균상환기간을 0으로 유지하면 금리변화로부터 순자산가치를 보호할 수 있다.

부채와 자산의 규모가 거의 비슷하고 평균상환기간이 같으면 이자율 변화는 자산 가치와 부채 가치 변화에 비슷한 영향을 주게 되므로 이자율변화가 순자산가치에 별로 영향을 주지 않게 된다.

목표일 면역은 약속된 지급의무의 평균상환기간과 투자의 평균상환기간을 동일하게 유지하는 전략이다. 채권포트폴리오의 평균상환기간은 포트폴리오를 구성하는 개별채권 평균상환기간의 가중평균을 이용한다.

만기보유전략

채권을 만기까지 보유함으로써 투자시점에 미리 수익을 확정짓기 때문에 투자 위험요소인 미래에 대한 예측을 행할 필요가 없는 이점이 있으나 채권가격 하락 시 저가매입의 기회를 포기하는 점에서 소극적인 투자전략이라 할 수 있다.

제15장

거시경제와 산업분석

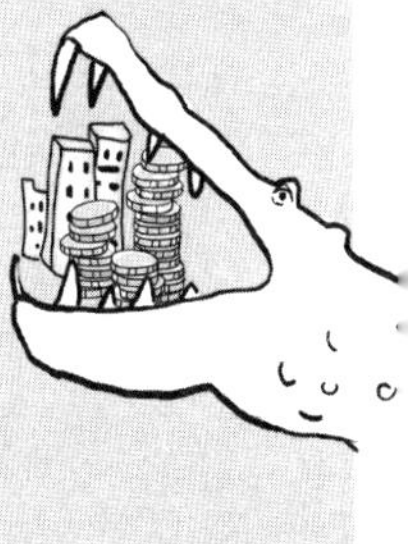

주식투자에서 매우 중요한 기본적 분석방법은 기업의 내재가치를 결정짓는 기본적 요인을 분석하여 기업의 내재가치를 찾는 일이다. 따라서 기업가치에 영향을 미치는 국제경제 및 국내경제 환경의 분석에서부터 시작하여 산업 및 기업까지 분석하여 해당기업의 내재가치를 찾고 그 다음 내재가치를 현재 주식시장에서 형성된 시가와 비교 평가한다.

세계경제의 분석은 국제금리, 환율, 원자재가격 추이 등을 분석한다. 특히 주요국의 경제를 중점적으로 분석한다. 국내경제 분석은 GDP, 통화, 국제수지, 금리 등 거시경제지표의 추이 중심으로 분석한다.

이러한 국내외경제의 분석과 함께 국내의 산업별 분석을 한다. 산업별 분석에서는 기술집약적 성장산업인지 노동집약적 쇠퇴산업인지 분석한다. 산업별 분석 후에는 개별기업의 분석에 들어간다. 기업분석은 기업의 내재가치에 직접 영향을 미치는 수익성, 성장성, 위험 등을 중점적으로 분석한다.

이러한 기본적 분석에서 기업분석의 경우, 재무제표의 수치에서 출발하는데 이들 수치는 주가의 평가에 중요한 영향을 미치는 경제적인 여건과 기술상의 우위, 경영자의 자질 및 그 밖의 수치로 표현하기 어려운 요인 등을 반영하지 못하는 한계를 가지고 있다. 또한 재무제표 작성방법이 기업 간 또는 동종기업에서도 기간에 따라 상이하기 때문에 주식 평가에 여러 문제점을 안겨주며 주가는 내재적 가치뿐만 아니라 계량하기 어려운 심리적 요인도 영향을 미친다는 점이다.

특정 기업의 적정주식가치 즉 적정주가의 산정은 해당 기업의 장래 배당과 수익에 대한 예측을 통해 결정할 수 있다. 기업의 미래 배당과 수익을 예측하기 위해서는 해당 기업의 분석에 앞서 기업의 배당과 수익에 직접 또는 간접으로 영향을 미치는 국내외 경제와 산업을 분석한 후 해당 기업의 배당과 수익을 예측하는 것이 순서이다. 이처럼 기업에 미치는 국내외 경제와 산업을 분석하는 것을 기본적 분석이라고 부른다.

기업의 경영 실적은 배당 규모로 나타난다. 기업이 배분하는 배당의 크기는 주가를 결정하는 여러 요인 중에서 가장 중요한 요소 중의 하나다. 그러나 배당 등으로 나타나는 기업의 최종 성과는 경제 전체 동향과 산업에 크게 영향을 받는다. 따라서 증권투자는 기업에 관련된 정보와 산업 및 국내외 경제의 동향을 면밀히 분석한 후 전략을 짜야 한다. 개별기업의 분석에서는 해당 기업이 경쟁기업 및 산업에서 차지하는 위치와 기업의 특성을 고려하여 경영성과를 평가한다.

이 장에서는 먼저 거시분석과 산업분석 등의 기본적 분석을 먼저 다루고 다음 17장과 18장에서는 기업 고유 요인의 분석에 대해 설명한다.

01 세계경제

배당과 수익에 대한 전망은 기업의 활동과 직접 간접으로 영향을 미치는 해외경제적인 요인 분석에서부터 출발한다. 세계경기 및 국제경제 상황은 기업의 수출 전망에 직접적으로 영향을 미칠 뿐만 아니라 경쟁 기업의 가격경쟁력 변화와 외국인투자자의 이익에도 직접적으로 영향을 미친다.

세계경제의 변화는 국내경제에 즉각 영향을 미친다. 세계경제와 국내경제 간의 상호의존도와 영향력은 나라마다 다르다. 일반적으로 세계경기가 호황이면 기업의 실적도 좋아지며 세계경기가 불황일 때에는 국내경제도 전반적으로 나빠지는 경향이 있다.

국제경제의 변화들 중에서 특히 해외에서 일어난 초대형 쇼크는 국내 쇼크보다 결정적으로 영향을 미칠 수 있다. 가장 좋은 예로 1997-1998년에 걸쳐 연쇄적으로 일어났던 동남아시아 금융위기의 도미노 현상은 국내경제와 주식시장 및 기업에 커다란 영향을 미쳤다. 다른 사례로 2003년의 이라크 전쟁 발발과 심각한 에너지 공급 문제는 세계 주식시장을 크게 뒤흔들었다.

최근에 일어난 대표적인 사례로 2008년 10월 미국 발 글로벌 금융위기를 들 수 있다. 글로벌 금융위기는 세계경제와 각국 경제 및 국제금융시장에 치명적인 영향을 미쳤다. 한국의 주식시장과 실물경제도 예외 없이 심대한 영향을 받았다. 국내 주가는 2008년 10월 이후 속절없이 2009년 중반까지 폭락하였다.

그 밖에도 보호무역정책, 자본의 대이동 등은 각국의 경제성장과 투자수익률에 결정적으로 영향을 미친다. 외부 또는 내부 요인에 의해 발생하는 환율의 급등락 변동은 국내 산업 및 기업의 국제 경쟁력뿐만 아니라 자본의 이동에도 크게 영향을 미친다.

예를 들면 미국 내 외환시장의 수급변동에 따라 변동한 달러가치가 단기간에 급등락을 일으킬 경우, 국내 외환시장의 환율에도 즉각 영향을 미쳐 국내경제와 수출입 기업에게 결정적인 타격을 줄 수 있다.

환율의 급등락에 따라 기업의 매출이 급격히 줄거나 또는 늘어나는 희

비극이 기업에 따라 벌어진다. 긍정적으로 영향을 받는 기업의 주가는 폭등할 수 있지만 부정적으로 타격을 입은 기업의 주가는 폭락할 수 있다.

02 국내경제

거시경제의 변화는 개별기업에 직접 영향을 미친다. 다시 말해서 거시경제적인 변수들의 변화는 기업에 직접적으로 영향을 미친다. 그 영향의 정도는 기업에 따라 정도의 차이는 있겠지만 대부분의 기업들에게는 주어진 중요한 변수이다.

예를 들어서 국내경제가 긴 호황 상태를 유지하게 되면 주식시장이 전반적으로 좋아진다. 다시 말해서 호황이 계속되면 국내 시장지수도 상승하는 경향이 있다. 이와 같은 사실은 주가가 호황에 힘입어 늘어나는 기업이익에 비례하여 상승하는 것을 실증 분석이 입증하고 있다.

실증 분석에 의하면 주가와 이익의 관계를 나타내는 주가수익비율(price-earning ratio)은 이자율과 리스크, 인플레이션 등 여러 요인에 의해 변동하지만 일반적으로 12~25배 사이에 있는 것으로 분석되고 있다. 이러한 사실은 주가와 수익은 비슷한 방향으로 움직인다는 것을 의미하는 것으로 과거 자료들에서도 잘 나타나고 있다.

그러나 이러한 실증적인 사실들이 현실에서 항상 유지되는 것은 아니다. 예를 들면 2008년 하반기에 일어난 미국 발 글로벌 금융위기는 전 세계 금융시장을 강타하였다. 당시 세계 각국의 주가는 하염없이 떨어지기만 하였다. 이러한 시기에는 주가수익비율 자체가 전혀 의미 없는 변수였다.

일반적으로 정상적인 경제의 경우 거시경제를 전망하는 능력에 따라서는 엄청난 투자성과를 가져올 수 있다는 것은 분명하다. 하지만 거시경제를 정확하게 예측하기란 쉽지 않는 일이다. 정확한 예상이 어렵지만 남보다 더 많은 투자 수익을 얻기 위해서는 다른 투자자들보다 월등한 전망 능력이 받쳐주어야 한다는 것은 분명하다.

거시분석에서 중요한 대표적 거시변수들로는 국내총생산, 수출과 수입, 고용과 실업, 인플레이션, 금리와 유동성, 재정적자, 미래 경제에 대한 낙관적 또는 비관적인 기대 등을 들 수 있다.

03 수요충격과 공급충격

수요 충격은 재화와 서비스 수요에 미치는 충격을 의미한다. 재화와 서비스의 수요에 미치는 여러 요인 중 가장 대표적인 요인으로는 세수 규모와 세율의 변동, 통화량과 재정지출의 변화, 수출입의 변동, 투자 변화 등을 들 수 있다.

공급에 미치는 충격은 생산능력과 생산비용에 미치는 쇼크를 말한다. 대표적인 공급 쇼크로는 국제 원유 가격과 원자재 가격의 급등락, 농작물 수확량의 변동, 수해 및 가뭄, 노동력의 질적 교육수준과 임금수준의 변화 등을 의미한다.

수요 충격은 일반적으로 물가와 이자율 및 국내총생산물(GDP)과 같은 방향으로 움직인다. 예를 들면 통화팽창과 확대재정지출 등과 같은 수요 충격으로 유발된 시중유동성이 급격히 늘어나면 수요급증을 일으키고 이는 물가 상승이라는 부작용을 낳으면서 금리가 가파르게 오르게 하는 요인으로 작용한다.

공급충격은 물가와 이자율 및 국내총생산물(GDP)과 반대 방향으로 움직인다. 예를 들면 대홍수로 인해 재난이 발생한 경우, 기업의 생산 활동이 갑자기 축소되면 국내총생산이 크게 위축되면서 물가가 전반적으로 상승하는 현상을 띤다.

수요 및 공급 측면의 충격은 경제 전체 뿐만 아니라 산업과 개별기업에게도 크게 영향을 미친다. 예를 들면 통화 긴축은 시중금리의 상승을 가져오게 된다. 금리 상승 시 기업과 산업에 따라 그 반응이 다르지만 금리 부담에 민감한 산업과 기업은 예민하지 않는 산업과 기업에 비해 미래 수익 전망에 더 크게 영향을 받는다.

투자분석에서 거시경제 전망의 유용성이 중요한 것은 정보의 우위에서 나오기 보다는 분석기법의 우위에서 나온다.

04 정부의 경제정책

정부의 경제정책은 수요와 공급에 직접적으로 영향을 미친다. 더 나아가 정부정책에 따른 거시적인 상황변화에 대해 산업과 기업에 따라 예민하게 반응할 수도 있고 별 반응을 보이지 않을 수도 있다.

거시경제에 미치는 정부의 경제정책 수단으로는 재정정책과 통화정책으로 집약할 수 있다. 재정정책은 정부지출과 조세정책을 들 수 있다. 통화정책은 금리정책과 통화량 공급정책이 있다. 이들 두 수단들은 중요한 수요관리수단이다.

정부의 경제정책은 산업과 기업에 따라 영향을 미치는 정도는 다르지만 기업과 산업에 크게 영향을 미친다.

산업과 기업이 영향을 받는 정도와 크기는 그때 그때의 경제상황과 정책의 강도 그리고 산업과 기업의 특성에 따라 매우 다양하게 영향을 미친다.

05 경기순환

지금까지 정부의 경제정책과 미세조정정책수단들에 대해 개괄적으로 살펴보았다. 경제는 시간이 흐르면서 불황과 호황을 반복 되풀이 한다. 투자자들은 자산배분구성을 하는데 향후 거시경제의 흐름에 대해 전망하면서 상황에 맞는 자산배분전략을 짜야 한다. 따라서 거시경제의 변화에 대한 전망은 증권투자전략에서 매우 중요하다.

경기 순환이란 불황과 호황을 반복하는 경기주기로서 정점에서 저점을 지나 다시 정점에 이르는 기간을 경기순환주기라고 한다. 정점은 경기확장기가 끝나고 수축기가 시작되는 전환기이다. 경기저점은 경기가 회복되기 시작하는 단계로 경기의 최저점이며 경기침체기에 해당한다.

경제 순환과정에서 기업과 산업에 따라 그들의 활동 성과들은 국면마다 다르게 나타난다. 산업과 기업은 경기민감 형에 속하느냐 또는 경기 방어형에 속하느냐에 따라 매우 다양한 성과를 보여주고 또한 경기 국면에 있게 된다.

경기민감 형 산업과 경기 방어 형 산업의 구분은 우리가 배운 바 있는 포트폴리오 구성에서 볼 때 서로 다른 시장리스크의 개념에 주목해야 한다.

예를 들어 설명해 보자. 미래 경제 상황에 대한 모든 사람들의 예측이 낙관적이면 기업의 수익성 전망이 호전되리라고 예측할 수 있기 때문에 기업의 주식가격이 오르게 된다. 이와 같은 국면에서 경기민감 형 기업의 주가는 경기 방어 형 기업의 주가보다 빠르게 반응을 일으켜 주가가 앞서 올라갈 가능성이 높다. 증권투자에서는 다음과 같은 경기지표들을 주의 깊게 관찰해야 한다.

경기지표

A. 대표적인 선행지표

1. 제조업 생산직 근로자의 주당 평균시간
2. 제조업의 신규 발주
3. 신규주택 허가 건수
4. 수익률 곡선

5. 주가

6. 통화량

7. 소비자기대지수

B. 대표적인 동행지표

1. 제조업 근로자

2. 산업생산

3. 제조업 및 도소매 매출

C. 대표적인 후행지표

1. 평균 실업기간

2. 도소매업 재고 대 매출액 비율

3. 대출금리

06 산업분석

산업분석도 거시분석의 경우와 같이 투자분석에서 매우 중요한 위치를 차지한다. 산업의 활동이 거시경제 상황에 크게 지배받는 것처럼 기업 역시 산업의 활동 상황에 압도적인 영향을 받는다. 다시 말해서 거시경제가 어려우면 산업 활동도 부진해진다. 특히 경기가 부진한 경우 사양산업에 속하는 기업이 좋은 영업실적을 기대하기 어렵다.

또한 산업 내에서도 나라마다 각국의 경제 실적이 다른 것처럼 산업 간에도 나라마다 큰 차이가 나타날 수 있다. 이것은 나라마다 산업구조가 다르고 산업의 기술 수준이 다를 뿐만 아니라 경제가 처한 국면이 다르기 때문에 산업 내 기업의 성과도 다르게 나타난다.

산업분석에서 먼지 ① 산업의 징의와 종류 : 두사분석에서 산업 분류에 따라 산업별 주가분석을 수행한다. ② 경기순환에 대한 민감도 : 경기변동에 대한 산업의 반응이 다르다. ③ 산업 및 섹터 순환 : 산업과 경기순환 간의 분석 방법으로 경기순환에 대한 전망에 따라 예상되는 산업 혹은 섹터에 따라 포트폴리오 비중을 조정한다. ④ 산업의 생애주기 : 전형적인 주기는 창업기(산업의 선두주자 불투명)−강화기(선두기업출현)−성숙기(시장포화)−쇠퇴기(성장 속도 수축)의 과정으로 나타나며 단계별로 산업을 분석한다. 산업의 생애주기를 이용하여 저성장기업, 우량기업, 고성장기업, 경기순환기업, 전환기업, 가치자산기업 등 6개 집단으로 나누어 분석한다. ⑤ 산업구조의 성과 : 경쟁 환경은 산업의 성숙도에 따라 다르게 변화한다. 산업 내 경쟁은 진입위협, 라이벌관계, 대체상품 압력, 구매자협상력, 공급자협상력 등에 따라 달라진다. 진입장벽은 산업의 수익성에 결정적인 요소이다. 치열한 시장점유 경쟁이 높을수록 관련 기업수익 압박은 높아진다. 대체상품이 속속 출현하면 관련 기업의 경영전략 운용의 폭은 협소해지고 수익창출이 어렵게 된다. 수익 압박을 받는 기업의 협력업체도 수익 압박에 빠져들 수 있다. 핵심부품업자의 독점력이 높으면 높을수록 이를 사용하는 기업의 수익성은 악화될 수밖에 없다.

제16장

주식 평가모형

우리는 주식시장의 효율성에서 보았던 것처럼 저평가 주식을 찾는 일이란 결코 쉽지 않지만 효율적 시장가설에도 틈새가 없는 것은 아니다. 역설적으로 적정가격을 벗어난 주식을 부단히 찾는다면 그것이 오히려 효율적 시장의 형성에 기여한다고 말할 수 있다.

이 장에서는 적정가격에서 벗어난 저평가 주식을 찾는 방법에 대해 설명한다. 주식의 적정가격을 알아내는 방법으로 기업가치의 측정 방법을 사용한다.

기업 가치를 측정하는 주식의 평가방법으로는 장부가치에 의한 평가방법, 내재가치에 의한 주식 평가방법, 배당모형에 의한 주식 평가방법, 승수를 이용한 주식평가방법이 있다. 이 장에서는 이들 평가 모형을 설명한다.

01 비교평가 방식

비교평가 방식이란 기업의 재무자료를 이용하여 참된 가치를 찾아내고 이 참된 가치와 비교하여 적정가치와 현재가격의 차이를 비교하는 방식을 말한다.

장부가치와 시장가격의 비교평가

장부가치는 재무상태표의 총자산에서 총부채를 차감한 순자산가치를 발행 주식수로 나눈 값이다. 장부가치는 자산의 취득원가를 일정기간 동안 배분하는 회계기준에 따라 산정된 가격이다. 반면 주식의 시장가치는 계속기업으로서의 기업가치를 나타내며 장래 예상되는 현금흐름의 현재가치를 반영한다.

장부가격(book value per share)이 시장가격(market price)보다 낮으면 그 주식의 가격은 과대평가되었다고 말한다. 반대로 장부가격이 시장가격보다 높으면 그 주식의 가격은 과소평가되었다고 한다. 주가의 바닥 가치로는 주식가격이 떨어질 수 있는 최저수준인 청산가격을 비교 기준으로 삼는다.

청산가치와 시장가격의 비교평가

청산가치는 회사를 청산한다는 가정 하에 회사의 자산을 팔아 모든 부채를 상환하고 잔여 재산을 주주들에게 배분할 경우 주주들에게 돌아가는 주당 가치를 의미한다. 만약 주가가 청산가치를 하회하면 당해 기업은 매수 표적이 된다. 기업의 탈취자들은 주식을 매집하여 기업지배권을 확보한 후 기업을 분할 청산 시 차익을 얻으려고 한다.

대체원가와 시장가격의 비교평가

또 다른 기업가치 평가방법으로는 대체원가가 있다. 주식 분석자들은 현재의 주식가격이 대체원가를 상회할 수 없다고 생각한다. 주식가격이 최대로 오를 수 있는 최고수준을 대체원가로 삼는 것이다. 대체원가(replacement cost)는 부채를 공제한 자산을 현재 시점에서 대체시킬 경우 소요되는 원가다.

예컨대 대체원가가 주식의 시장가치를 상회한다면 경쟁관계에 있는 다른 회사들도 동일자산을 구입함으로써 주가를 높이려고 할 것이고 이러한 시장의 거래과정에서 결국 대체원가와 동일수준에 이르기까지 기업의 주가는 하락하게 된다.

대체원가와 토빈의 Q의 비교평가

경제학자들은 주가와 대체원가의 비율인 토빈의 Q를 투자의 기준으로 평가하는 이론을 개발했다. 토빈의 Q비율은 장기적으로 보면 1에 수렴하지만 그러나 실증분석에 의하면 종종 벗어나기도 한 것으로 나타났다.

앞에서 살펴 본 비교평가 하는 방식에서 알 수 있는 바와 같이 장부가치는 청산가치와 대체원가와의 비교를 통해 중요한 정보를 얻을 수 있다. 그러나 계속기업으로서 기업의 미래 가치를 평가하지 못하는 단점이 있다.

계속기업으로서 기업의 미래가치를 정확히 측정하기 위해서는 미래에 예상되는 현금의 흐름을 고려하여 기업의 가치를 평가하는 것이 합리적일 수 있다. 따라서 미래에 예상되는 이익이나 현금배당을 고려하여 주식을 평가하는 방법이 개발된 것으로 다음과 같은 방식이 있다.

02 내재가치와 시장가격

영속 기업으로서 계속기업 가치를 평가하는 일반적인 모형은 주식투자자가 현금배당과 주가상승의 이익을 기대한다는 관점에서 출발한다. 이제 주당 예상 배당을 4,000원, 예상주가 상승을 4,000원, 호가 주가를 4,800원이라고 하면 예상보유기간 수익률은 다음과 같이 산출된다.

예상보유기간수익률
= (주당 예상배당 + 예상가격 상승분) / 당초 주가
= (주당배당 4,000원 + 예상가격 상승분 4,000원) / 48,000원
= 0.167(16.7%)

여기서 예상가격 상승분 4,000원은 주당 1기 주식가격 52,000원−주당 초기가격 48,000원 = 4,000원을 의미한다. 따라서 예상보유기간수익률은 예상배당률(주당 예상배당/당초 주식가격)과 자본차익 비율(자본차익/당초 주식가격)의 합계임을 알 수 있다.

내재가치와 자산가치

구분	내재가치	자산가치
의미	기업의 미래 수익 창출 능력을 고려한 가치	기업의 장부상 가치
계산절차	미래 현금흐름 예측 현금흐름을 할인율로 할인	장부상 순자산가치총계
장점	기업의 미래수익력에 근거한 추정	분석자의 주관 배제재제 특히 비상장주식의 평가할 때 유리
단점	객관성 결여	미래의 수익발생 능력이나 자산의 유기적 결함 미고려

내재가치는 예상배당과 매각할 때의 예상가격을 요구수익률로 할인한 현재가격으로 정의한다. 기업의 내재가치가 시가보다 낮으면 그 주식은 과대평가되었다고 말하고 반대로 내재가치가 시가보다 높으면 과소평가

되었다고 말한다.

투자자는 내재가치보다 낮은 과소평가된 주식을 포트폴리오에 가능한 많이 편입함으로써 투자수익률을 극대화할 수 있다. 내재가치를 추정하는 방식은 다음과 같다.

예를 들어, 동강기업의 기업가치를 평가해 보기 위해 동강기업의 재무상태표 및 다음 해 예상 재무자료는 다음과 같이 주어져 있다고 하자.

동강기업의 재무상태표(2009. 12. 31, 단위 : 억원)

유동자산	50	유동부채 고정부채	30 70
고정자산	350	자본금 잉여금	200 100
자산총계	400	부채 및 자본	400

다음 해 예상 재무자료

매출액 = 6백억 원, 영업비용 = 4백91억7천만 원
영업이익 = 1백8억3천만 원, 당기순이익 = 45억2천만 원
감가상각비 = 20억2천만 원, 자본적 지출 = 22억5천만 원
추가운전자본 = 3억7천만 원 기업성장률(영구적) = 연 5%
가중평균자본비용 = 연 16.8%, 법인세율 = 40%

요구수익률

요구수익률은 채권자의 요구수익률과 주주의 요구수익률로 나누어 볼 수 있다. 이것은 기업의 입장에서 볼 때 자본비용으로서 채권자의 요구수익률은 타인자본비용, 주주의 요구수익률은 자기자본비용이다.

채권자의 요구수익률과 주주의 요구수익률은 원천별 자본비용으로서 기업자산의 요구수익률을 구성한다. 채권자는 자본제공의 대가로 미리 정해진 이자율을 요구한다. 동강기업이 차입한 타인자본 1백억 원에 대한 이

자를 매년 12억 원씩 매년 지급한 경우에 이자율은 다음과 같은 공식에 의해 구할 수 있다.

타인자본비용(채권자의 요구수익률)
= (이자비용 / 차입원금) × 100
= (12억 원 / 1백억 원) × 100
= 12%

그러나 이자비용은 과세대상이므로 법인세율을 40%로 적용한다면 1백억 원을 사용하는 동강기업의 절세효과는 4억8천만 원(1백억 원×0.2)이 되며 실제 기업이 부담하는 실질적 이자비용은 7억2천만 원에 이른다.

실질적인 타인자본비용(채권자의 실질적인 요구수익률)
= (이자비용 – 절세효과) / 타인자본 × 100
= (12억 원 – 7억2천만 원) / 1백억 원 × 100
= 7.2%

또는

실질적인 타인자본비용(채권자의 실질적인 요구수익률)
= 타인자본비용(1 – 법인세율)
= 12%(1 – 0.4) = 7.2%

동강기업의 잉여현금흐름은 세후 영업이익 기준으로 다음과 같이 산출된다.

1년후 잉여현금흐름
= 영업이익(1– 법인세율) + 감가상각비 – 자본적 지출 – 추가 운전자본
= 108.3(1 0.4) + 20.2 – 22.5 – 3.7
= 58억9천8백만 원

주주의 요구수익률인 자기자본비용은 자본자산가격모형을 사용해 측정할 수 있다. 여기서 동강기업의 베타 값은 1.2, 무위험자산수익률은 연 12%, 과거 10년 동안 연간 주식시장 평균수익률은 18%로 상정한다.

자기자본비용
= 시간에 대한 보상 + 위험에 대한 보상
= 무위험자산수익률 + 베타×(주식시장평균수익률−무위험자산수익률)
= 12% + 1.2×(18%−12%) = 19.2%

가중평균자본비용

기업자산에 대한 요구수익률은 자본을 제공한 채권자나 주주의 요구수익률을 합산해야 한다. 두 요구수익률의 합산방식은 가중평균해서 구하는데 이를 가중평균자본비용(weighted average cost of capital) : WACC)이라고 부른다. 동강기업의 가중평균비용을 구해 보기 위해 부채의 장부가치 및 시장가치 총액은 각각 1백억 원으로 동일하고 자기자본의 장부가치 및 시장가치는 각각 3백억 원과 4백억 원으로 상정하면 구하는 방식은 다음과 같다.

가중평균자본비용
= 채권자의 실질적인 요구수익률×[부채의 시장가치 / (부채의 시장가치 + 자기자본의 시장가치)] + 주주의 요구수익율×[자기자본의 시장가치 / (부채의 시장가치 + 자기자본의 시장가치)]
= 12% (1−0.4) [1백억 원 / [1백억 원 / (1백 억원 + 4백억 원)] + 19.2% [4백억 원 / (1백억 원 + 4백억 원)
= 16.8%

기업가치의 이론가치 및 내재가치

동강기업이 1년후 얻는 잉여현금흐름은 58억9천8백만 원이며 이것은 매년 5%씩 증가하면서 영구적으로 발생한다. 이 경우 동강기업의 기업가치는 이들 잉여현금흐름을 16.8%의 가중평균자본비용으로 할인한 현재가치이다.

1년 후 기업잉여 현금흐름
= 영업이익 (1 - 법인세율) + 감가상각비 - 자본적지출 - 추가운전자본
= 108.3(1 - 0.4) + 20.2 - 22.5 - 3.7
= 58억9천8백만 원

위의 계산에서 동강기업의 기업가치는 5백억 원이다. 동강기업의 시장가치는 장부가치 4백억원 보다 1백억 원이 더 높이 평가된 것이다.

시장가치를 기준으로 했을 때 기업자산의 가치는 장부 가치를 기준으로 했을 때보다 1백원만큼 증가한 것이다. 동강기업의 자기자본 시장가치가 4백억 원이고 발행주식수는 4백만 주이므로 동강기업의 이론가치 또는 내재가치는 1만 원이 된다. 자본시장이 효율적일수록 주식의 시장가격은 이론가치에 근접하게 된다.

03 배당할인모형

배당모형은 주식투자의 유일한 소득원이 현금배당 뿐이며 주식을 무한대까지 보유한다고 가정한다. 이러한 가정 하에서 주식가치는 무한대까지 받게 될 현금배당을 현재가격의 합으로 정의할 수 있다. 배당모형에 의한 평가방법은 예상되는 현금배당 뿐만 아니라 매매차익까지도 모두 고려하고 있으며 현금배당에는 사내유보도 고려하고 있다.

승수를 이용한 주식평가

주식의 내재가치는 주당 이익에 어떤 승수를 곱해서 산출하는 방법이다. 여기서 승수는 보통 이익승수(earning multiplier)를 사용한다. 이익승수는 배당성향과 배당성장률이 클수록 증가하며 투자자의 요구수익률이 증가할수록 감소한다. 요구수익률은 증권의 위험과 경제상황에 직접 영향을 받는다. 미래에 대한 낙관적 전망이 지배하는 호황시장에서는 투자자들은 낮은 필수수익율을 요구하고 그와 반대의 상황에서는 높은 요구수익률을 바라게 된다.

또한 이익승수는 위험의 증가에 따라 감소하고 위험의 감소에 따라 증가한다. 그러나 동일한 위험을 갖는 증권은 시장이 호황일수록 높은 이익승수를 보이므로 주가가 상승하게 된다.

이익승수에 대한 추정식에서는 주가수익비율과 성장률 및 배당지급율과 양(+)의 관계로 나타났고 체계적 위험(베타계수)와의 관계에서는 음(−)의 부호로 밝혀졌다.

이론주가에 의한 평가방법

이론주가는 "이론주가 = 주당 순자산 + 주당 시장부가가치"의 방식으로 추정한다. 여기서 순자산은 재무상태표상의 총자산에서 총부채를 차감하여 구한다. 시장부가가치(market value added: MVA)는 미래에 발생 가능한 모든 경제적부가가치(economic value added: EVA)를 개별기업의 자본비용으로 할인한 현재가치이다. 시장부가가치가 양의 값(+)을 가지면 장부가치에 부가되는 가치가 있음을 의미하고 음의 값(−)을 가지면 장부가치에 차감할 가치가 있음을 의미한다.

경제적 부가가치는 주주의 추가 부를 창출하는 원천으로서 주주의 부의 극대화라는 기업의 목표를 달성하는데 기준이 되는 경영성과좌표이다. 경제적부가가치의 추정은 다음과 같다.

경제적 부가가치

= 세후 순 영업이익 − 총자본조달비용

= (영업이익 − 법인세) − (타인자본조달비용 + 자기자본조달비용)

= 투자자본(투자자본수익률 − 가중평균비용)

= 투자자본 [(세후 순영업이익/투자자본) − 가중평균비용]

투자자본은 다음과 같이 계산한다.

투자자본 = 영업자산 − 비이자발생부채

총자산 = 영업자산 + 비영업자산

비영업자산 = 금융자산 + 투자자산 + 이연자산 + 건설가계정

총자본 = 비이자발생부채 + 이자발생부채 + 자기자본

금융자산은 적정시재금 이상의 예금, 시장성 유가증권 등이 포함되고, 투자자산은 투자부동산, 출자금, 관계회사주식 등이 포함된다. 이연자산에는 신주발행비, 사채발행비, 환율조정차, 외화부채조정계정 등이 포함된다. 건설가계정은 당기의 영업활동과는 무관하므로 영업자산에서 제외된다. 비이자발생부채는 매출채권, 미지급금, 예수금, 미지급비용 등을 말한다.

이론주가에 의한 주식평가모형은 단기적인 이익지표에만 초점을 맞추는 방법에서 벗어나 재무상태표의 순자산 항목과 기업이 투자한 자기자본에 대한 기회비용 이상의 이익창출에 초점을 맞춘 모형이다.

제17장

재무제표 분석

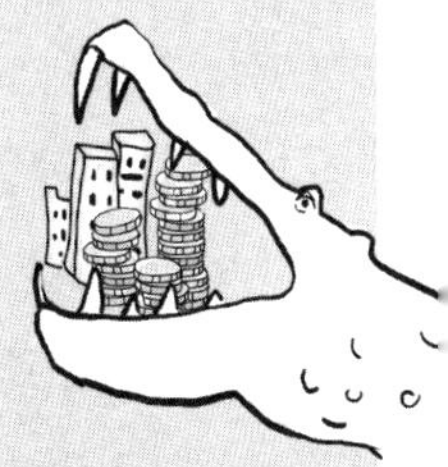

앞 장에서 기업의 주식가치를 평가하는 방법을 설명하였다. 이 방법들은 기업의 배당이나 이익에 대한 가치평가에 사용한다. 평가모형은 경제적 이익의 흐름을 중시하지만 현실에서는 재무회계자료를 통해 입수할 수 있다.

주식의 내재가치 측정은 회계자료를 활용한다. 이 장에서는 주식평가모형에 사용하는 재무자료들을 살펴볼 것이다. 주식 평가에 있어서 경제적 이익도 중요한 개념이지만 회계자료도 기업활동의 전망을 추정하는 데 매우 유용하다. 회계자료는 기업의 재무제표분석이 핵심자료이다. 기업의 재무제표분석의 기업의 경영분석, 회사의 연혁, 사업내용, 경영진, 업계에서의 지위 등에서 차지하는 부분 분석이다. 재무제표분석은 최종 목표는 기업의 수익성과 안정성 및 활동성 그리고 성장성 등을 분석하는 데 초점을 맞춘다.

01 수익성 분석

투자수익률(총자산 영업수익률)

수익성은 투자수익률(총자산 영업수익률)로 분석한다. 이 개념을 보기 위해 동강회사는 총자산이 100억원이고 부채 및 자본이 각각 50억원이라고 하자. 회사의 영업이익은 매년 말 20억 원씩 영구히 지속된다고 가정한 경우 영구히 발생될 20억 원씩의 현금유입의 현재가치는 자산가치 100억 원과 동일하므로 기업의 사후 투자수익률은 20%가 된다. 이 20%는 사후적인 기업의 내부수익률이며 바로 기업의 총자산 영업수익률이 된다. 그러나 매년 영업이익이 동일하다는 가정을 완화하여 처음 1년 동안 영업이익이 20억 원이고 그 이후 영업이익이 매년 1%씩 증가한 경우, 기업의 사후적인 투자수익률은 총자산영업이익률(20%)에 영업이익성장률(1%)을 더한 21%가 된다. 총자산영업수익률은 기업의 사후적인 투자수익률의 기준이 될 수 있다.

총자본순이익률

총자본순이익률(return on investment : ROI)이란 자본순이익률을 의미한다.

총자본순이익률 = 순이익 / 총자본(또는 총자산)
= (순이익 / 매출액)×(매출액 / 총자본)
= 매출액순이익률×총자본회전률
= 매출액순이익률×총자산회전률
= 마진(margin)×회전속도

매출액이익률 = (경상이익 / 매출액)×100
매출액영업이익률 = (영업이익 / 매출액)×100

자기자본순이익률

자기자본순이익률(return on equity : ROE)은 주주에게 귀속되는 실적을 나타낸다.

자기자본순이익률
= 순이익 / 자기자본
= (순이익 / 매출액)×(매출액 / 총자본)×(총자본×자기자본)
= 총자본 순이익률 / (자기자본 / 총자본)
= 총자본 순이익률 / 자기자본비율
= 총자본 순이익률×[1+(부채 / 자기자본)]
= 총자본 순이익률×[1+부채비율]

금융비용 대 매출액비율 = (금융비용 / 매출액)×100
금융비용 = 지급이자 + 할인료 + 사채이자 + 사채발행차금 + 상각 등
손익분기점율 = (손익분기점에서의 매출액 / 매출액)×100
손익분기점에서의 매출액 = 고정비 / {1−(변동비 / 매출액)}

고정비 = 판매비 + 일반관리비 + 노무비의 1/2 + 제조경비 + 금융비용
+ 재고조정 중의 고정비
변동비 = 총비용 − 고정비

주당 순이익 = 당기순이익 / 가중평균주식수
배당 성향 = (현금배당 / 당기순이익)×100
배당률 = (배당금 / 액면가격)×100
배당 수익률 = (배당금 / 시장가격)×100

02 안정성 분석

안정성 분석은 채무지급 능력과 기업 내외여건에 대한 대응능력을 측정

하기 위한 분석이다.

유동비율 = (유동자산 / 유동부채)×100
당좌비율 = (당좌자산 / 유동부채)×100
당좌자산 = 유동자산 − 재고자산
부채비율 = (타인자본 / 자기자본)×100
고정비율 = [(고정자산 + 투자와 기타 자산) / 자기자본]×100
주당 순 자산가치 = (자산총계−부채총계−무형고정자산−이연자산 + 이연부채−배당금) / (보통주 발행주식수 + 우선주 발행주식수)
주당 현금흐름 = [당기순이익 + 현금지출이 없는 비용(예 : 감각상각)] / 발행주식 총수
유보율 = (잉여금 / 납입자본금)×100
잉여금 = 자본잉여금 + 이익잉여금

03 활동성 분석

활동성 분석은 투하자본의 기간 중 운용 현황을 나타낸다.

총자본 회전율 = 매출액 / 총자본
재고자산 회전율 = 매출액 / 재고자산

04 성장성 분석

성장성 분석은 기업의 매출액, 자본금, 순이익 등이 얼마나 신장하고 있는가를 분석한다. 성장성을 볼 때는 주로 전년 대비 증가율을 보게 되는데 이런 자료를 볼 때는 몇 가지 유의할 점이 있다.

기업의 매출액이 매우 크게 증가했음에도 불구하고 적자를 냈거나 자본

잠식이 발생할 수도 있고 또는 주력사업의 매출이 아닌 다른 사업에서 매출을 부풀릴 수 있다. 또한 매출이 크게 늘어났음에도 불구하고 적자와 자본잠식 그리고 한정의견까지 받은 기업이 있을 수 있다. 증가율은 성장성을 판단하는데 매우 중요한 지표이지만 증가율 자체만 보고 의사결정하면 왜곡된 정보로 투자의 잘못을 범할 수 있다.

매출액증가율 = [(당기 매출액 / 전기 매출액) – 1]×100
순이익증가율 = [(금기 말 당기순이익 / 전기 말 당기순이익) – 1]×100

제18장

포트폴리오의 투자 성과 측정

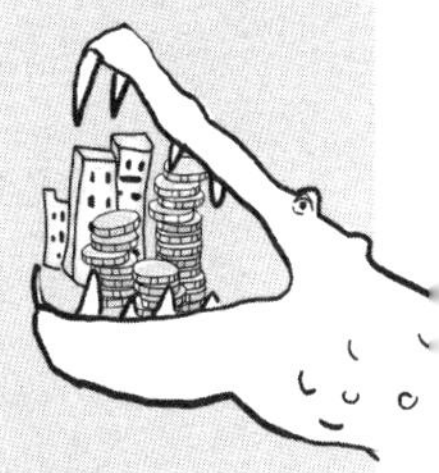

펀드매니저가 운용한 포트폴리오의 투자 성과를 객관적으로 비교 평가할 때 단순히 포트폴리오의 수익률만 가지고 평가하는 방식은 여러가지 문제를 발생시킨다.

일반적으로 포트폴리오 성과를 비교 평가하기 위해 사용하는 방식은 포트폴리오 투자에 따르는 위험을 고려한 투자 성과를 평가한다. 다시 말해서 여러가지 주식형 펀드의 투자성과는 위험을 고려하여 투자 성과를 비교 평가하는 방식을 취한다.

이 장에서는 포트폴리오의 투자 성과를 평가하는 방식을 살펴보기 위해 먼저 투자성과를 나타내는 수익률 개념으로 단순 평균수익률, 가중 평균수익률 등을 살펴 본 다음 리스크(위험)를 조정한 수익률을 설명해 보기로 한다. 리스크를 조정한 수익률 개념도 여러가지 수익률 개념이 있으므로 이들의 개념을 집중적으로 살펴 볼 것이다. 리스크를 조정한 수익률 개념은 성과 측정의 기준으로서 여러 포트폴리오의 실적을 비교 평가하는 잣대 역할을 하고 여러 포트폴리오를 합리적으로 비교할 수 있다.

01 단순평균수익률, 시간가중평균수익률, 금액가중평균수익률

단순평균수익률

A포트폴리오의 분기별 수익률이 각각 0.05, 0.05, 0.05, 0.05로 분기마다 동일한 수익률을 나타내고, B포트폴리오의 분기별 수익률은 각각 0.03, 0.07, 0.01, 0.09로 분기마다 다른 수익률 분포를 보이고 있다고 가정한다. 여기서 단순평균수익률은 ① A포트폴리오의 평균수익률 : 0.05 + 0.05 + 0.05 + 0.05 = 0.05(5%)이고, ② B포트폴리오의 평균수익률 : 0.03 + 0.07 + 0.01 + 0.09 = 0.05(5%)이다.

여기서 평균수익률로 두 포트폴리오의 성과를 비교 평가할 경우, 두 포트폴리오의 투자 성과는 연간 평균수익률로 따져 볼 때 5% 퍼센트로 동일하다는 것을 알 수 있다. 여러 포트폴리오의 투자 성과를 평균수익률만으로 비교 평가할 경우 부정확한 평가가 될 수 있다는 것을 금방 알 수 있다. 따라서 두 포트폴리오의 분기별 수익률에 대한 연간평균수익률과 분기별 변동 폭을 유심히 살펴볼 필요가 있다.

시간가중평균수익률과 금액가중평균수익률

시간가중평균수익률은 기하평균수익률과 같은 방식으로 산출한다. 투자기간 n분기 동안의 기하평균수익률 r_g 에 대한 계산방식은 다음과 같다.

$$1 + r_g = [(1 + r_1)(1 + r_2)\ \ldots\ (1 + r_n)]^{1/n}$$

여기서 n은 분기 수(數)이다. 기하평균식에서 각 분기수익률이 매기 동일한 비중을 가진다면 시간가중평균(time-weighted average)이 산출된다. 시간가중평균은 금액가중평균(dollar-weighted average)보다 높이 나타나는데 이것은 금액가중평균이 다음 연도에 투자자금이 증가하여 수익률이 떨어지기 때문이다.

예를 들어 설명해보자. 투자자는 2006년 1월1일 H주식을 주당 50달러로 1주 매입하고 2007년 1월1일에 주당 53달러에 매입하였다. 배당은 매년 2달러씩 지급 받았고 2007년 말에 2 주식을 모두 54달러에 매각하였다. 이 경우 2년 동안 금액가중평균수익률의 산출은 현금흐름 할인법(discounted cash flow : DCF)에 의해 현금 유출입의 현재가치를 동일하게 만드는 할인율 r을 구하면 된다.

$$50 + 53\ /\ (1 + r) = 2\ /\ (1 + r) + 112\ /\ (1 + r)^2$$

상기 식에서 금액가중평균수익률은 $r = 7.11\%$을 얻을 수 있다. 상기 식에서 등식의 오른쪽 항을 보면 금액가중 된 것을 볼 수 있다. 2006년 첫 해보다 2주를 가지는 두 번째 해 2007년의 주식투자성과가 1주 만을 가지는 첫해 2006년보다 전체 수익률에 미치는 영향이 더 크다는 것을 알 수 있다. 위의 예에서 시간가중평균수익률을 계산하는 방식은 기하평균수익률을 구하는 방식과 같으므로 다음과 같이 7.83%임을 주의해야 한다.

$$r_1 = [53 + 2-50]/50 = 0.10(10\%)$$
$$r_2 = [54 + 2-53)]/53 = 0.0566(5.66\%)$$

$$r_g = (0.10-1.0566)1/2\ -1 = 0.0783(7.83\%)$$

02 위험을 조정한 수익률

앞에서 산출된 평균수익률을 보았지만 투자성과를 평균수익률로 평가하는 것은 별로 쓸모가 없다. 앞에서 본 두 포트폴리오의 투자성과는 평균수익률이 모두 같지만 분기별 평균 수익률 분포는 상당히 다르다는 것을 알 수 있다. 다시 말해서 두 포트폴리오의 연간 평균수익률은 동일하지만 ② 포트폴리오의 분기별 수익률 변화는 ① 포트폴리오의 분기별 수익률 변화보다 크다는 것을 수익률 분포에서 확인할 수 있다.

또한 시간가중수익률과 금액가중수익률에서도 주식투자에 따른 포트폴리오의 위험을 전혀 고려하지 않는 채 투자성과의 수익률을 구하고 있기 때문에 다른 투자자의 포트폴리오와 투자성과를 비교 평가하는 데 한계가 있다는 것을 알 수 있다.

포트폴리오의 투자 성과를 측정하고 비교할 때 수익률 위험을 보상할 만큼 충분한 수익률로 평가하는 것이 합리적인 평가방식이다. 이와 같은 평가 방식은 여러 주식형 펀드의 투자성과 비교 평가에 이용 된다. 다시 말해서 투자안의 성과는 위험조정 후 수익률로 측정하고 위험 조정 후 수익률로 서로 비교하는 것이다.

이제 리스크를 조정한 포트폴리오 수익률로 비교 평가하게 되면 두 포트폴리오의 경우, 수익률은 상당한 차이가 나는 것을 볼 수 있다. 먼저 포트폴리오에 대한 위험의 측정은 분기별 수익률 분포의 표준편차를 사용한다. 리스크를 고려한 포트폴리오의 투자수익률을 이용하면 두 포트폴리오의 수익률에서는 똑같지만 ① 포트폴리오의 위험이 ② 포트폴리오의 위험보다 더 적다는 것을 쉽게 알 수 있다.

샤프의 성과 측정 방식

샤프의 성과 측정은 표본기간 포트폴리오 초과수익률($\bar{r}_p - \bar{r}_f$)을 표본기간의 수익률 표준편차 σ_p로 나눈 값을 서로 비교 평가하는 방식이다. 샤프 측정 방법은 총변동성(total volatility)에 대한 보상(reward)으로 측정한다.

샤프 척도 = 포트폴리오 프리미엄 / 총 변동성 = 총변동성에 대한 보상

$$S = (\bar{r}_p - \bar{r}_f) / \sigma_p$$

샤프(Sharp)지수는 윌리엄 샤프 교수에 의해서 개발된 투자성과 지표이다. 샤프 지수는 포트폴리오의 투자성과를 평가하기 위한 이론적인 모형으로서 자본자산결정모형(CAPM)에서 출발한다. 자본자산결정모형에서 기대수익과 위험이 실제 실현된 것처럼 간주한 사후적인 모형으로 전환시킨 평가모형을 개발하고 있다.

샤프지수 = 총위험 한 단위당 초과수익률
　　　　= 포트폴리오에 대한 초과수익률 / 포트폴리오 수익률의 표준편차
　　　　= 위험 프리미엄 / 표준편차(총변동성)
　　　　= 위험에 대한 보상

상기 식에서 볼 수 있는 것처럼 샤프의 성과측정은 보상과 총변동의 역관계로 측정하고 있다. 예를 들면 펀드의 초과수익률은 펀드(포트폴리오) 수익률에서 주식시장지수(한국의 경우, 종합주가지수)수익률을 뺀 초과수익률을 표준편차(총변동성)로 나눈 값으로 샤프지수를 구한다.

샤프지수는 펀드의 수익률이 1% 변동할 때 주식시장지수 수익률을 초과한 수익률이 얼마인가를 나타내는 지표로서 샤프지수가 높을수록 위험에도 불구하고 높은 초과수익을 올렸다고 말할 수 있다.

샤프지수는 분모로 총변동성(표준편차)가 이용되는 것을 제외하고는 다음에 살펴 볼 트레이너지수와 동일하다. 샤프지수와 트레이너지수는 공통적으로 완전 분산된 포트폴리오를 가정한다. 따라서 포트폴리오 전체 분산이 체계적 분산과 동일할 경우 양 지수의 투자성과 측정 순위는 동일한

결과를 낳는다. 그러나 불완전 분산된 포트폴리오의 경우에는 트레이너지수와 샤프지수는 투자성과의 순위가 서로 다르게 나타난다.

샤프 비율이 포트폴리오 성과의 서열을 정하는데 유용하기는 하지만 그 수치가 주는 의미를 해석하기에는 쉽지 않다. 예를 들면 특정 표본기간 동안의 수익률 통계는 아래와 같이 주어져 있을 때 시장 포트폴리오 m과 특정 포트폴리오 p의 수익률을 비교해 보면 $S_p = 0.69$, $S_m = 0.73$이 된다.

	포트폴리오 p	주식시장 m
평균	35%	28%
베타(Beta)	1.20	1.00
표준편차	42%	30%
Tracking error(비체계적 위험)	18%	0%

이것은 시장 포트폴리오 m의 샤프지수 $S_m = 0.73$과 특정 포트폴리오 p의 샤프지수 $S_p = 0.69$에서 볼 수 있는 바와 같이 포트폴리오 p의 수익률이 시장지수(market index)를 따라가지 못하는 것을 알 수 있다. 그러나 샤프 척도의 차이 0.04가 경제적으로 어떤 의미를 가질 수 있을까? 이에 대한 해석은 매우 어렵다.

이와 같은 문제점을 극복하기 위해 Graham과 Harvey가 고안하고 Franco Modigliani가 널리 보급한 척도 M^2 지수(Modigliani 제곱이라고 부른다)가 있다. M^2 척도도 샤프척도처럼 다음 식과 같이 총변동성을 사용하였다.

$$M^2 = r_p' - r_m$$

상기 식에서 r_p' 는 조정포트폴리오 p'의 수익률을 의미한다. 예를 들면 포트폴리오 p의 표준편차가 42%이고 시장지수의 표준편차가 30% 일 때 조정포트폴리오 p'는 포트폴리오 p와 무위험자산 포트폴리오 m를 각각

30/42 = 0.714 및 1 − 0.714 = 0.286의 비율로 혼합하여 구성한다.

이 조정포트폴리오의 기대수익률 r_p'은 (0.286 × 6%) + (0.174 × 35%) = 26.7% 이다. 이것은 시장지수 수익률 r_m보다 1.3% 낮다. 따라서 포트폴리오 p의 척도는 −1.3%이다. 포트폴리오 p와 무위험자산 m의 비율을 조정해 가면서 포트폴리오 p에 대한 자본배분선(CAL)을 따라가면 조정포트폴리오 p' 의 표준편차가 시장지수 m과 일치하게 된다.

트레이너의 성과 측정 방식

트레이너의 성과 측정 방식은 샤프의 측정 방법과 같이 위험 한 단위당 초과수익(excess return per unit of risk)으로 측정하지만 총위험을 사용하는 것이 아니라 체계적 위험을 이용한다.

트레이너지수
= 체계적 위험 한 단위당 포트폴리오 수익률
= (포트폴리오에 대한 평균수익률−무위험투자수익률)/포트폴리오에 대한 베타
= 포트폴리오에 대한 초과수익률/포트폴리오에 대한 베타
= 위험 프리미엄/체계적 위험
= 포트폴리오에 대한 초과수익률/포트폴리오 특정선의 기울기 (시장에 대한 포트폴리오 분산도)

$$T = (\bar{r}_p - \bar{r}_f) \ / \ \beta_p$$

트레이너는 포트폴리오의 투자 성과를 측정하는데 있어서 적절한 위험은 총위험을 기준으로 산출하는 것이 아니라 체계적 위험을 기준으로 산출하고 있다. 총위험 대신 체계적 위험을 사용한 평가지수를 제시한 것이다.

포트폴리오가 잘 분산되어 있다면 전체 위험 가운데 비체계적 위험은

대부분 없어지므로 체계적 위험만을 고려하여 투자성과를 평가하는 것이 포트폴리오 관리자의 능력을 합리적으로 평가할 수 있다고 본 것이다.

이미 앞 장에서 설명한 바와 같이 위험은 체계적인 위험과 비체계적 위험으로 분류하는데, 체계적 위험은 시장 전체와 관련된 포트폴리오의 분산을 말하며 베타로 측정한다. 비체계적 위험은 총위험에서 체계적 위험(베타 계수)을 제외한 위험으로서 시장관련 위험이 제거된 잔여 분산으로 측정된다. 트레이너는 포트폴리오 성과측정의 척도로 체계적 위험 1단위당 실현된 위험 프리미엄을 제시하고 있는 것이다.

트레이너지수에서 초과수익률은 포트폴리오의 위험 프리미엄 수익률이며 분모의 베타는 포트폴리오의 체계적 위험을 나타낸다. 따라서 트레이너 지수는 체계적 위험 한 단위당 포트폴리오 수익률을 나타낸 것이다.

체계적 위험을 나타내는 베타는 펀드수익률의 시장민감도를 측정하는 지표로 1보다 크면 시장 움직임에 민감하게 반응하는 것으로 투자리스크가 큰 것이다. 트레이너 지수가 높을수록 펀드 운용성과가 좋다는 것을 의미한다.

여기서 측정된 위험은 체계적 위험이므로 포트폴리오 분산에 대해서는 아무런 가정도 하고 있지 않다. 트레이너지수는 포트폴리오가 완전 분산되어 있다는 것을 전제로 하고 있다. 트레이너지수를 이용하여 다수의 포트폴리오의 투자성과를 비교할 수 있고 또한 다수 포트폴리오의 투자성과와 시장포트폴리오 사이도 대비해 볼 수 있다.

샤프의 성과 측정 방법처럼 위험 단위당 초과수익을 사용하지만 총위험 대신 체계적 위험을 사용한다. 트레이너지수는 체계적 위험인 베타를 활용하는데 반해 샤프지수는 총위험인 표준편차를 이용한다. 포트폴리오의 체계적 위험(베타)은 시장모형(단일지수모형)을 이용하여 추정된다.

젠센의 성과 측정 방식

젠센(Jensen)의 성과 측정 방식은 포트폴리오 베타와 평균시장수익률이 주어졌을 때 자본자산가격모델(CAPM : capital asset pricing model)에 의해 예상을 뛰어 넘는 평균 포트폴리오 수익률로 측정한다. 젠센의 측정은 포트폴리오의 알파 α_p 값으로 측정한다.

$$\alpha_p = \bar{r}_p - [\bar{r}_f + \beta_p (\bar{r}_m - \bar{r}_f)]$$

젠센 지수(Alpha) = 포트폴리오 실현수익률 − 무위험수익률 +
베타(시장지수수익률 − 무위험수익률)
= 포트폴리오 실현수익률 − 무위험수익률 + 베타×
시장지수의 초과수익률

젠센 지수는 미국 하버드 대학의 마이클 젠센 교수가 개발한 수익률지표로서 젠센의 알파지수라고 부른다. 젠센의 성과 측정방법도 자본자산가격결정모형의 위험 프리미엄에서 출발한다. 젠센은 포트폴리오의 베타에 기초하여 실제 실현된 위험 프리미엄과 예상했던 프리미엄을 비교함으로써 포트폴리오의 우열을 측정하고 있다.

균형상태에서는 알파가 영(0)이 되므로 알파가 플러스(+) 부호를 가지면 투자성과가 좋다고 말하고 마이너스(−) 부호를 가지면 투자성과가 나쁘다고 평가할 수 있다. 위 식의 양변을 베타로 나누면 젠센 지수와 트레이너지수 간의 관계를 살펴 볼 수 있다.

$$\alpha_p / \beta_p = (\bar{r}_p - \bar{r}_f) / \beta_p + \beta_p (\bar{r}_m - \bar{r}_f) / \beta_p$$
$$\alpha_p / \beta_p = (\bar{r}_p - \bar{r}_f) / \beta_p + (\bar{r}_m - \bar{r}_f)$$

알파 / 베타 = 트레이너지수 + 시장포트폴리오의 위험 프리미엄

식에서 우측의 첫째 항은 트레이너지수를 나타내고 있고, 둘째 항은 시장포트폴리오의 위험 프리미엄을 나타내고 있다. 식은 젠센의 측정치 알파를 베타로 나눈 값이 트레이너지수에서 일정한 초과수익률을 뺀 수치와 일치하게 된다.

젠센 지수는 높을수록 펀드(포트폴리오)의 투자성과가 우수하다고 평가할 수 있으므로 젠센 지수가 플러스(+)로 나왔다면 그 펀드는 위험을 감안한 수익률이 당초 예상한 기대수익률보다 높다는 것을 의미한다. 마이너스(−)로 나왔다면 기대치보다 성과가 좋지 못하다는 것을 의미한다.

젠센지수는 트레이너지수와 마찬가지로 베타 값을 사용하는 점이 같고 또한 포트폴리오가 완전 분산 투자되었다고 가정한다. 위험수준이 상이한 포트폴리오에 대해서는 젠센 알파를 상호 비교할 수는 없다.

정보비율

정보비율(information ratio)은 포트폴리오 알파(alpha)값을 포트폴리오의 비체계적 위험(산업 추적 오차 : tracking error in the industry)으로 나눈 값으로 나타낸다.

정보비율 $\alpha_p = /\sigma(e_p)$

이제 앞에서 배운 샤프척도, 젠센 알파척도, 트레이너척도, 정보비율을 산출해 보기 위해 다음과 같은 표본 기간 동안의 수익률 통계가 주어져 있다고 출발한다.

	포트폴리오 p	주식시장 m
평균	35%	28%
베타(Beta)	1.20	1.00
표준편차	42%	30%
Tracking error(비체계적 위험)	18%	0%
무 위험수익률	6%	

샤프지수 : $(\bar{r}_p - \bar{r}_f) / \sigma_p$

$$S_p = (35-6)/42 = 0.69$$

$$S_m = (28-6)/30 = 0.733$$

젠센 알파 : $\bar{r} - [\bar{r}_f + \beta_p(\bar{r}_m - \bar{r}_f)]$

$$\alpha_p = (35-[6 + 1.2(28-6)] = 2.6$$

$$\alpha_m = 0$$

트레이너지수 : $(\bar{r}_p - \bar{r}_f) / \beta_p$

$$T_p = (35-6)/1.2 = 24.2$$

$$T_m = (28-6)/1.0 = 22$$

정보비율 : $\alpha / \sigma(e_p)$

$$I_p = 2.6/18 = 0.144$$

$$I_m = 0$$

찾아보기

ㅈ

ㅊ

ㅋ

ㅌ

ㅍ

ㅎ

| 저자 소개 |

양 종 기

연세대학교 경제학과에서 학사 학위, 독일의 자유베를린 대학교에서 경제학 석사와 박사를 취득한 후 1988년부터 현재까지 서경대학교 금융경제학과에 전임교수로 재직 중이다. 저자는 거시경제와 화폐금융 및 국제금융 분야에 특별한 관심을 가지고 연구해 오면서 학생들의 교육에 전념하고 있다. 저자의 저서로는 거시경제학, 경제의 이해, 화폐금융·국제금융, 알기쉬운 투자론 등이 있고 그 밖에 재정정책이 경제성장에 미치는 영향에 대한 이론적인 고찰 등 다수 논문이 있다.

알기쉬운 투자론 값14,000원

2010년 4월 20일 초판인쇄
2010년 4월 22일 초판발행

저 자 양 종 기
발행인 리 재 영
발행처 新論社
등록번호 제10-308호(1989.3.4)

판매처 새문사
등록번호 제1-273호(1977.9.19)

주소 : 서울시 마포구 용강동 494-80
전화 : (02)715-7232(代), 717-7235, Fax : (02)715-7235
E-mail : sinlon@saemoon.co.kr
website : www.saemoonbook.com

ISBN : 89-7411-287-5 93320